Library G.S.L Hokkaido U.

時を編む人間

人文科学の時間論

田山忠行❖編著

Tadayuki Tayama

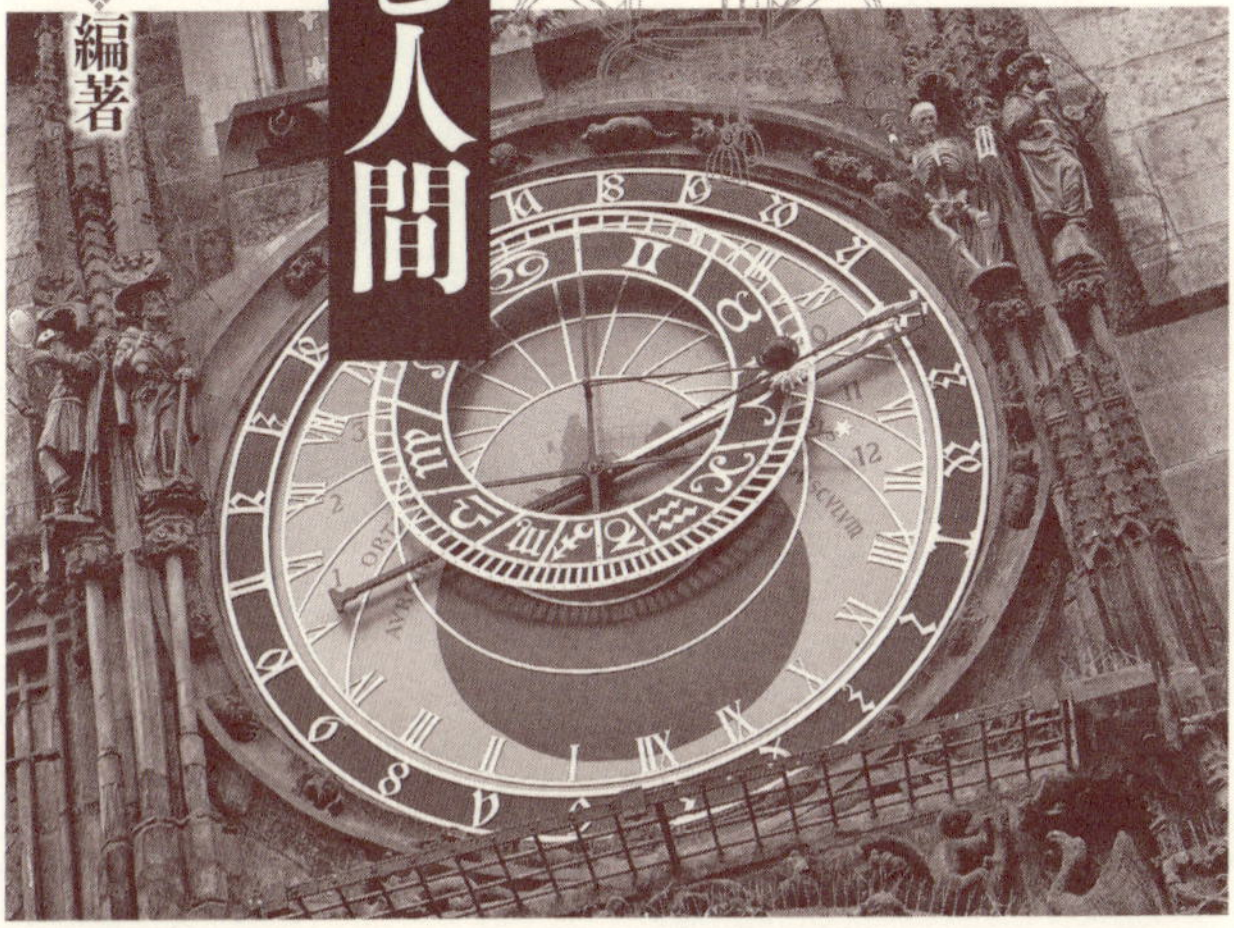

北海道大学出版会

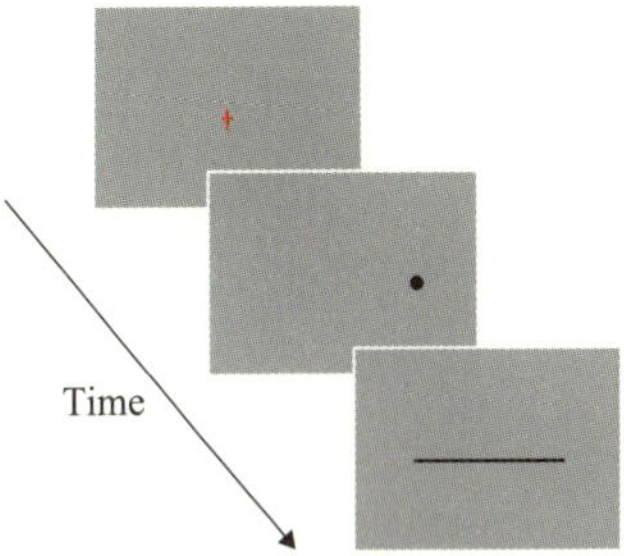

（1） 線運動錯視
（illusory line motion）

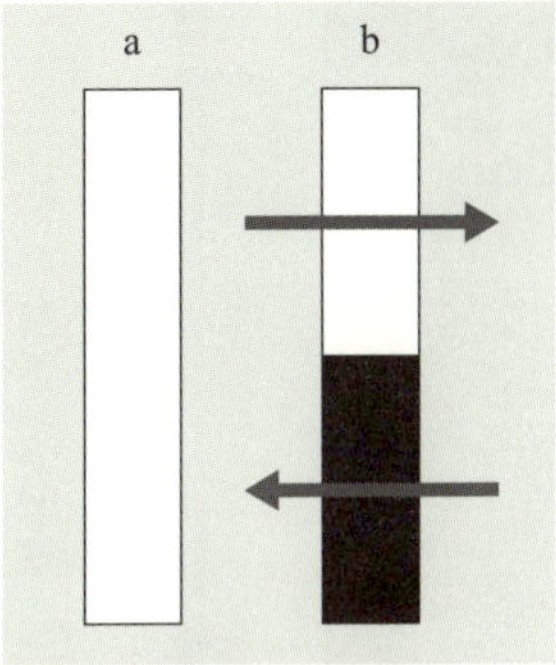

（2） 逆仮現運動
（reversed apparent motion）

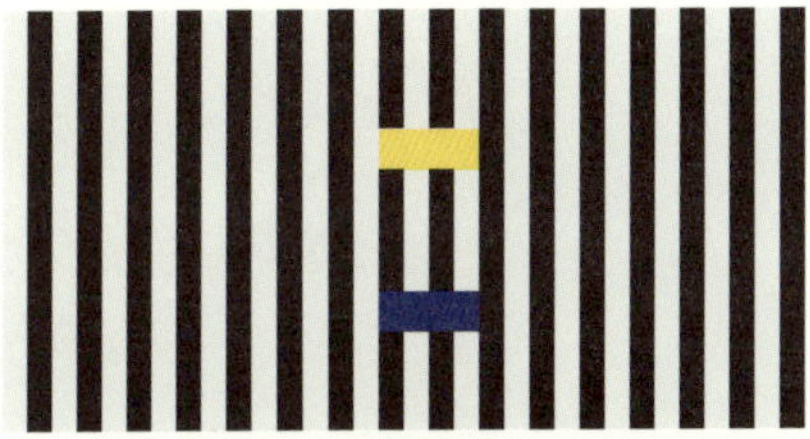

（3） 歩行運動錯視
（footsteps motion illusion）

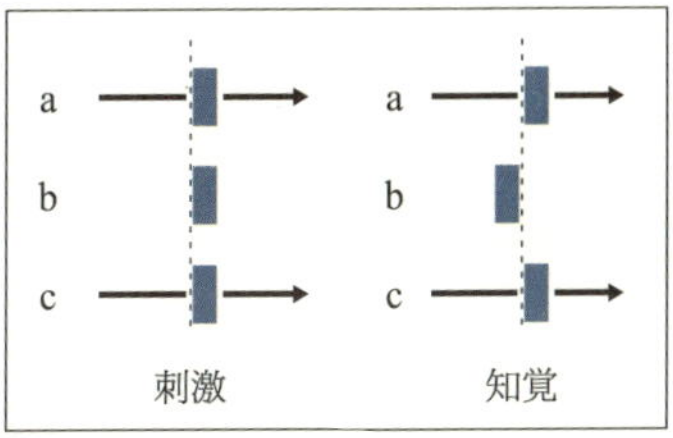

（4） フラッシュ・ラグ効果
（flash lag effect）

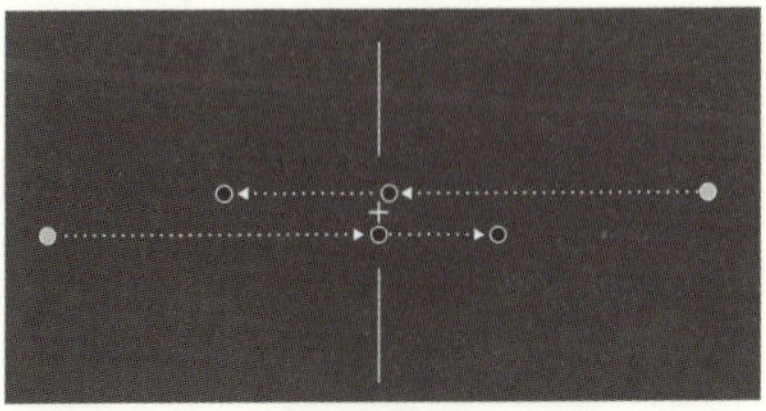

（5） 交差運動錯視
（crossing motion illusion）
（上例では「下が先」が正答）

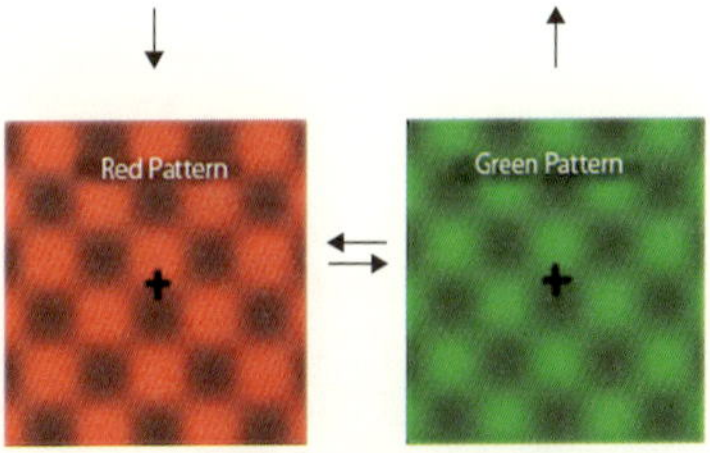

（6） 色と運動の非同時性錯視
（perceptual asynchrony of color and motion）

口絵 1　時間順序錯視

口絵 2(左)　皇紀二六〇〇年の紀年銘(秩父神社)
撮影）小杉康

口絵 3(右)　金錯辛亥銘鉄剣(稲荷山古墳)
注)「辛亥年七月」で始まる 115 字の銘文が記されている(拡大写真)。
所有)文化庁
写真提供）埼玉県立さきたま史跡の博物館

口絵 4　「暦のピラミッド」(古代マヤのカスティーヨ)
撮影）今泉和也

口絵 5　復元された漏刻の模型(水落遺跡)
写真提供）奈良文化財研究所

口絵 6　個体別資料(左)とナイフ形石器(右)(砂川遺跡)
所蔵）明治大学考古学博物館
出典）稲田孝司編『日本の美術 No.188 旧石器時代』p.4, 5, 至文堂 (1982)

はしがき

人は限られた時間の中で日々の生活を営んでいます。時間とは何であり、人は時間とどのような関わりを持って生きているのでしょうか。また、人がたどってきた様々な出来事を時間という側面でとらえるとどのようになるでしょうか。時間には、このように、様々な疑問や不思議が一杯詰まっているため、時を越えて、多くの人々が興味を抱き思索してきました。しかし、その疑問や不思議が完全に解明され払拭されることはまれであるためか、時間に対する興味が尽きることはありません。

北海道大学文学研究科・文学部では、思想、宗教、文学、語学、歴史等の分野はもとより、心理学、行動科学、社会学、生態学、地理学などの実験やフィールド・ワークをともなう分野まで、様々な研究が行われています。当研究科・当学部では、一般市民の皆様に、このような学問の諸相に触れていただくため、毎年、公開講座を開催しています。平成二十六年度の公開講座は、「時間の不思議――時のなかの人、人のなかの時――」というテーマで開催しました。この講座では、様々な専門領域から複数の教員が講義を担当し、時間に関する様々な話題を提供しました。今回のこの講座は大変人気があり、定員八十名のところ、百三十名の受講者に対して実施いたしました。本書は、その講座の内容をなるべく多くの人々に知っていただくために編集されたものです。本書の書名は、当初は講座のテーマである「時間の不思議」となる予定でしたが、これは他の本の書名として使われているため、変更することにいたしました。執筆者の一人でもある千葉恵教授と相談したところ、時間と人間の相互作用や時間に制約されつつ時を豊かにしていく人間の創造性を表現するものとして、「時を編む人間——人文科学の時間論」を提案していただきました。これが本書の書名となった次第です。

本書で紹介する時間の話題は様々な専門領域にわたっており、扱う時間も数十ミリ秒という短い時間から何万年という長い時間まで非常に広い範囲に及んでいます。例えば、心理学や脳科学の領域からは、感覚時間、意識と時間、時間知覚について、また動作に関わるミクロな時間や運動スキルの学習に関わる脳内部位に関する話題が提供されます。行動科学の領域からは、神経経済学という立場から時間割引を中心とした時間認識と意思決定の関連についての話題が紹介されます。言語学の領域からは、比喩表現として時間がどのように捉えられるかについての話題が紹介されます。歴史学や考古学の領域からは、労働を基盤として見た前近代と近代が交差する時間制度の違いについて、また縄文時代や石器時代等の古代認識の変遷に関する話題が提供されます。哲学や倫理学の領域からは過去と未来が交差する我の制御を超えた無の瞬間に関する話題、そして最後にクロノスとカイロスという二種類の時間について紹介されます。
このように本書で扱う学問領域はかなり広範囲にわたっているため、一見すると何の接点もないように見えるかも知れませんが、すべては人文科学の領域に関係するものであり、人と時間の関わりについて解説しているということで共通しています。本書のすべてを読んで理解することは容易ではないかも知れませんが、多少ともそれを試みていただければ、本書が扱う「時間」をテーマにした学問の広さと奥行きの深さ、またその魅力に必ず気づいていただけるものと確信しております。本書を通じて、人と時間に関する知識と理解が多少とも得られ、私たちのこの限られた時間を有効に活用し、生活をより豊かなものにする手がかりとなれば、これに勝る喜びはありません。

編　者

目次

目次

目　次

第一章　意識と時間

――数秒の時間をめぐって

田山忠行

心理学では時間に関係のある様々な実験的研究が行われています。なかでも感覚や知覚の研究では、古くから持続弁別閾《いき》をはじめ、同時閾、順序閾、反応時間、また持続時間の知覚など、ミリ秒から数秒の時間を測定する様々な実験が行われています。ここでは、このような感覚的時間の基礎的知見のほか、時間順序に関する錯視、「今」や「現在」といった意識に関わる見解、時間知覚の実験的知見など、比較的短い時間に関する様々な話題を紹介します。また、心理的時間の話の最後に、ジャネの法則や時間の逆説といった哲学的な話題にも若干触れることにします。

一　感覚の時間

感覚の時間の話としては、同時性と継時性、時間順序の知覚、反応時間、同時性の境界、振動といった話題を取り上げます。ここでは手始めに、それらを理解するための予備知識として、感覚や知覚における閾《いき》の概念や閾値測定の話から始めることにします。

刺激閾・弁別閾・ウェーバー比

閾とは境界を意味しています。閾値とは実験で測定した閾の値です。感覚や知覚の研究者は実験で様々な閾値を測定しますが、それらで主要なものは刺激閾と弁別閾（識別閾ともいう）です。刺激閾とは、ある感覚を生じるのに必要な刺激の大きさの最小値です。例えば、光を見るのに必要な光の強さの最小値を光覚閾、音を聞くために必要な音の強さの最小値を可聴閾といいますが、これらは刺激閾です。それに対して弁別閾とは、二つの感覚の違いを表す値で、ある刺激とそれとわずかに異なる刺激を弁別できる刺激の大きさの差の最小値です。今ここに標準刺激（S）である一〇〇グラムの重りと比較刺激である一〇一グラムの重りがあるとします。この二つを両手で持ってもどちらが重いか区別できませんが、比較刺激を一〇二グラムにすると微かにその違いがわかったとします。この場合、これら二つの重さの差である二グラムが弁別閾（ΔS）です。この弁別閾と標準刺激の比率（$\Delta S/S$、この例では〇・〇二）を、ウェーバー比といいます。特定の感覚では、ウェーバー比は、標準刺激の大きさとは独立して、おおよそ一定になることが知られており、これをウェーバーの法則といいます。ある研究で持続時間の弁別閾を測定したところ、五〇〇ミリ秒から二秒の時間範囲で、ウェーバー比はおおよそ〇・〇二で一定でした。これはウェーバーの法則が適合し、二パーセント程度の時間の違いがあれば、持続時間の長さを識別できることを意味しています。しかし、時間が五〇〇ミリ秒より短くなるとウェーバー比は急激に大きくなり、ウェーバーの法則は適合しませんでした。このことは、人が持続時間を区別するためには、ある程度以上の時間が必要であることを意味しています。

同時性と継時性の境界

フランスの感覚研究者であるピエロンは、「暗闇の中で、同じ場所に、一定の時間を経て小光点を二回呈示する場合、その時間間隔が一〇ミリ秒以下であれば、それらは一点にしか見えないが、三〇～四〇ミリ秒離れると二点が継時的に呈示されたように見える」と述べています。また、ドイツの時間心理学者であるペッペルは、「左右の耳にそれぞれ一ミリ秒のクリック音を聞かせる場合、それらを同時に呈示すると一音にしか聞こえないが、一ミリ秒ほどずらして音を左耳に先に呈示するとそれは融合して頭の少し左側に聞こえ、それらが三～五ミリ秒離れると二音が分離して聞こえる」と述べています。このように、同時性と継時性の境界である同時閾は、視覚と聴覚で異なり、聴覚では三～五ミリ秒と非常に短いですが、視覚では三〇～四〇ミリ秒と比較的長いことがわかります。ちなみに、触覚の場合は、その中間の一〇ミリ秒程度です。これらの同時閾は、一般に年齢とともに広がるといわれています。視覚と聴覚の同時閾の違いは、視覚より聴覚の方が時間の識別に敏感であることを示していますが、これはなぜなのでしょうか。いかなる感覚も、神経細胞を介して脳に情報が伝達されますが、視覚の場合は、光が眼の網膜上の視細胞を刺激して化学的変化が生じ、それが神経インパルスとなって情報が伝えられるのに対して、聴覚の場合は、音が鼓膜を刺激して機械的変化が生じ、それが耳小骨や蝸牛を直接振動させ、それが神経インパルスとなって情報が伝えられます。この違いは、脳の感覚中枢に到達するまでの時間の違いとなり、時間の識別の違いを生み出していると考えられます。

時間順序の知覚

次に、同時か否かではなく、どちらが先でどちらが後かという時間順序の判断について考えてみます。時間順序を判断するのに最小限必要な時間である時間順序閾は、同時閾とは異なり、不思議なことに、視覚でも聴覚でも、また触覚でもほとんど同じであり、だいたい二〇～四〇ミリ秒であるといわれています。これは、同時性の判断には感覚器の違いが反映されるのに対して、時間順序の判断には感覚器の違いを超えたもっと高次(大脳)の働きが関与するためと考えられています。最近の神経生理学の研究では、この時間順序の判断に関わる処理を司る脳の部位がどこであるかを機能ＭＲＩ(ｆＭＲＩ)などによって調べており、側頭葉後頭部などいくつかの候補が挙がっています。

反応時間

反応時間とは、刺激が呈示されてから所定の反応が生じるまでの時間であり、反応潜時

(latency)ともいいます。反応時間は、心理学では古くから使われている測度ですが、最近の認知心理学の研究においても頻繁に使われています。自らが被験者となったペッペルの反応時間の実験では、聴覚刺激に対する単純反応時間の平均は一三〇ミリ秒でしたが、視覚刺激に対する単純反応時間の平均は一七〇ミリ秒でした。これは聴覚刺激に対する反応の方が、四〇ミリ秒ほど多くの時間を要したことを意味します。この時間差は、視覚と聴覚の同時閾の時間差とほぼ同じであり、感覚器の違いを示すものです。ところで、反応時間には、刺激の出現に対する単純反応時間のほかに、刺激の色が赤か緑か、また刺激が左右のどちらに出たかなど、二つ(あるいはそれ以上)のボタンを使用して判断する選択反応時間があります。いずれの反応の場合でも、反応時間は、感覚器の違いに基づいて、聴覚刺激より視覚刺激の方が三〇～四〇ミリ秒ほど長くなりますが、単純反応時間と選択反応時間の差は、視覚と聴覚でほとんど変わりません。この時間差は、選択や決定に要する時間を意味しており、感覚器ではなく脳内部位の処理を反映していると考えられています。これは右の順序閾の場合と似ています。刺激の順序判断と選択判断では課題は違いますが、いずれも選択や決定という過程が関わるため、脳の中では比較的近い場所が関わっているのかもしれません。

同時性の境界

さて、光と音では、それらを受容する感覚器が異なるため、各々の感覚情報が脳の中枢に到達するまでの時間が異なると述べましたが、ここで次のような素朴な疑問が湧いてきます。それは、光と音が同時に到達したと感じるためには、それらを知覚者からどれほど離れた場所で同時に呈示すればよいのかということです。同時閾の実験から、頭の中では光より音の方が二〇～四〇ミリ秒ほど速く到達することがわかっています。ここではその違いを三〇ミリ秒とします。また、光の速度を三〇キロメートル毎秒、音の速度を三四〇メートル毎秒とします。では答えを計算して求めて下さい。この計算は小学生でも簡単にできますが、答えを出すのは大学生でも難しいかもしれません。ヒントを差し上げましょう。頭の中では、光より音の方が三〇ミリ秒速く到達するので、頭の外で光より音の方が三〇ミリ秒遅く到達する距離を計算すればよいのです。答えは、音の速度×時間＝三四〇×〇・〇三＝一〇・二（メートル）です。つまり、理論上、知覚者から約一〇メートル離れた地点で光と音を同時に呈示すると、それらはほぼ同時に知覚されるということです。この計算では、光の速度を考える必要はないのですが、それに惑わされて問題が難しくなってしまうようです。ペッペルはこの光と音が同時に知覚される距離を「同時性の境界(holizont)」と呼んでいます。

振　動

「感覚の時間」の最後に、ペッペルが示した反応時間に関する面白い実験を一つ紹介します。この実験では、被験者はヘッドホンをつけますが、音は右耳にだけ呈示します。視覚刺激も呈示しますが、それは真正面ではなく視線のやや右側に呈示します。こうすると聴覚刺激と視覚刺激の情報

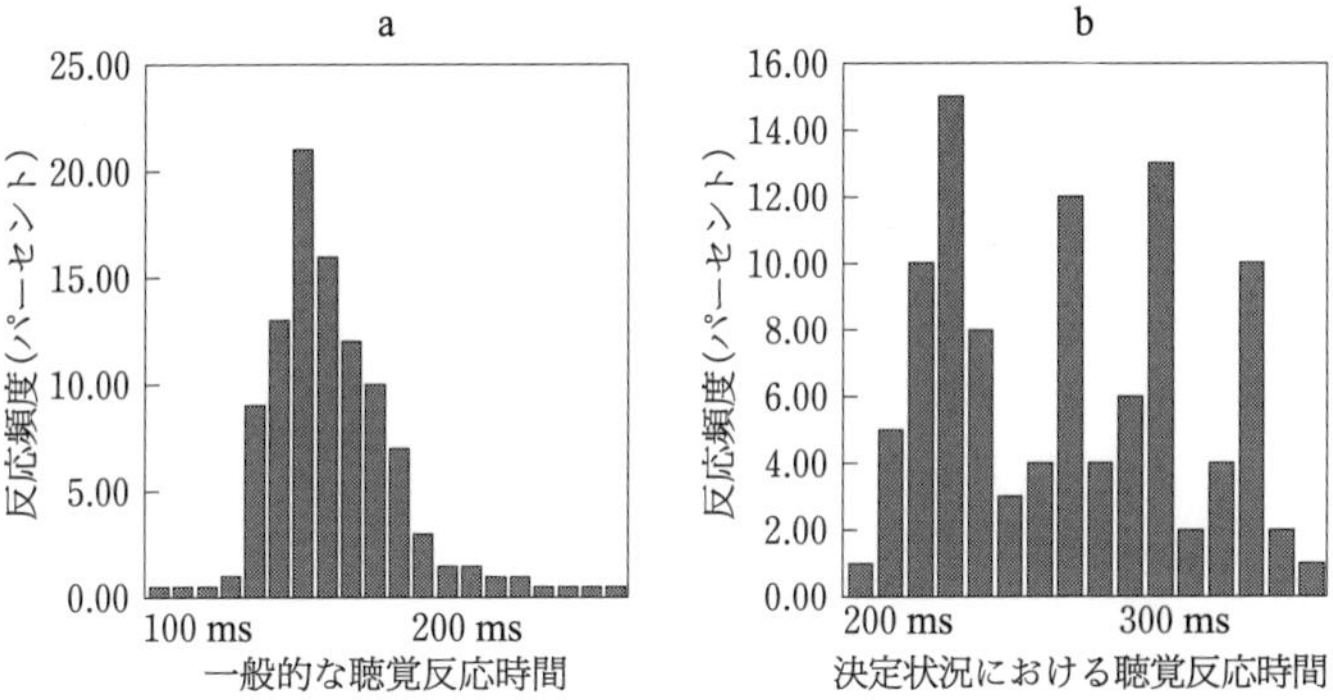

図1-1　聴覚反応時間

出典）Pöppel（1985）の図7を改変

はともに脳の左半分に到達することになります。さらに被験者は右手の二つの指を使い、一つの指では光に対して、もう一つの指では音に対して素早くキーを押します。右手は脳の左半分から統制を受けるため、被験者は、脳の左半分で視覚信号と聴覚信号を識別し、脳の左半分で二つのキーのどちらを押すかを決めます。つまり脳の左半分しか働いていない状況で視覚刺激と聴覚刺激を識別するということです。実験が終わった後、聴覚刺激に対する反応時間の結果だけを分析してみます。横軸を反応時間の各時間帯（例えば一〇ミリ秒ごと）とし、縦軸に各時間帯における反応頻度を棒グラフで示してみます。棒グラフの頭を曲線でつなげると、一般的な反応時間では、最頻値（モード）をピークとして左右の曲線が徐々に下降していき、全体的に短い時間の側に歪曲した釣り鐘型の分布になります（図1-1a）。ところが、この実験の結果では、分布の型がまったく違うものになりました。曲線のピークは最頻値の一つだけではなく、いくつもの山と谷が交互に並んでしまいました（図1-1b）。山と山の間隔は三〇～四〇ミリ秒でした。この結果は、被験者が特定の時間に好んで反応し、他の時間を避ける傾向があることを示しており、選択反応の遂行中に周期的なプロセスが関与することを示唆していると考えられています。これを振動と呼んでいます。

二　時間順序の錯視

感覚器に入ってくる情報は同じであっても、それが異なるものに見えるのが錯視(illusion)です。錯視といえば、幾何学的錯視などの空間的錯視がよく知られていますが、ここでは時間順序に関する錯視を紹介します。

線運動錯視

この錯視を見るためには、口絵1(1)のように、まずパソコン・ディスプレイ中央にある注視点「＋」を見ます。その後、その注視点と高さを同じにしてディスプレイの左右どちらかの端に黒丸を一つ呈示します。その後、黒丸を覆うように一本の水平線を、ディスプレイ中央に瞬間的に呈示します。そうすると、水平線が黒丸の位置から反対方向に動いて見えます。水平線がただ瞬間的に呈示されるだけですから、本来、そこには運動はないはずですが、水平線は、黒丸のあった位置から高速度で逆方向に向かって長くなり、動いていくように見えます。この錯視を報告した日本人の研究者たちは、この錯視が生じる原理を注意の働きに関係づけました。彼らによると、注意が黒丸近辺の局所的な視覚的情報処理を促進させ、そこから離れるほど処理が遅れてしまうため、実際に高速で運動する対象を見る場合と同様の原理で運動が知覚されるということです。

逆仮現運動

次に、アンスティスという知覚研究者が一九七〇年代に発見した逆仮現運動を紹介します。これは白黒のポジティブ写真からネガティブ写真へ、位置をわずかにずらしながらディゾルブ(dissolve; 一方がフェードアウトすると同時に他方がフェードイン)すると、通常の仮現運動と逆の方向に運動が見えるという現象です。例えば、口絵1(2)aと口絵1(2)bの写真を重ねて、aからbへとディゾルブしながら、その位置を視角にして一五分ほど右方向に移動します。そうすると上下で逆方向の運動が見られます。上半分の白い棒は右方向に動いて見えますが、下半分の白い棒は黒い棒に切り替わって実際には右方向に移動しても、左方向に動いて見えるということです。この錯視は、白から白よりも黒から白の変化が先行して見えるというもので、コントラストの影響によって運動方向が逆向きに見えることを示しています。アンスティスは、この錯視が視覚システム初期の短い生理的処理によって生じると考え、輪郭が移動する原理として神経ボケや空間加重の関与を示唆しました。

アンスティスは、その後、この錯視に類似した劇的な錯視として歩行運動錯視(footsteps motion illusion)を紹介しています。口絵1(3)のように、白黒の強いコントラストから成る垂直縞を背景として、黄色と青色の横長の長方形がスムーズに一緒に水平方向に動いていくのを見ていると、それらの長方形が一緒に動いているようには見えず、一方の長方形の後を他方の長方形が追いかけていくように見えます。それはあたかも両足を交互に出して歩いていくように見えるため、ここでは歩行運動錯視と訳してみました。

フラッシュ・ラグ効果

時間の遅れに関する有名な錯視としてフラッシュ・ラグ効果を紹介します。この効果は、フラッシュによって時間的な遅れを引き起こす現象です。口絵1(4)のように刺激aと刺激cが水平右方向に運動し、それらが静止刺激bと同じ垂直線上に並んだとき、刺激bを瞬間的に光らせます(フラッシュします)。この時、三つの刺激は実際には同じ垂直線上の位置にあるにもかかわらず、刺激bだけが遅れた位置にあるように見えます。これはサッカーのオフサイドの判定に近い状況であり、オフサイド判定の誤審を引き起こす原因になっているともいわれています。この効果が生じる理由に関して、ニハーワンは興味深い考察をしています。人が光点を見るとき、光受容器から脳内の高次の視覚領域に情報が伝達され、それを感じるまでに一〇〇ミリ秒ほどの時間がかかります。私たちは、普段はこのような時間の遅れを頭の中で補正しているため、そのことに気がつきません。

右のフラッシュ・ラグ効果の例でいうと、刺激aと刺激cの空間上の位置は、この補正機能によって時間的に補正され、実際の物理的位置と知覚される位置がおおよそ合致します。しかしながら、刺激bはフラッシュされるまで補正機能が働いていないため、フラッシュ後にそれを見るのに一〇〇ミリ秒ほどの時間がかかるということです。この説明が正しいとすると、この一見単純な効果は、私たちの視覚システムの非常に精巧な時間的補正の機能を見事に示していることになります。

交差運動錯視

次に私が最近行った研究を一つ紹介します。この研究は、野球のバッターがボールを打って一塁ベースを駆け抜けるのと、そのボールを野手が捕球して一塁へ送球するのとどちらが速いかを審判が判定する状況にヒントを得たものです。口絵1(5)のように右端と左端から二つの白丸が現れて動きます。これら二つは中央で交差しますが、物理的には同時に目標(+)に到達する場合でも、速い刺激より遅い刺激の方が先に到着したように見えます。これは遅い方が先なので、一見すると、フラッシュ・ラグ効果とは逆の効果のようにも思われます。被験者によって、左方向の白丸の方が明らかに時間的に先行していても、右方向の白丸の方が先と判断する人や、下ではなく上に位置する白丸の方が先と判断する人がいます。人にはそれぞれ知覚の歪みや判断の癖があるため、このような個人差を調べることも面白いですが、データの平均値の間で統計的に有意な違いが認められたのは、速い刺激よりも遅い刺激の方を先と判断する傾向があるということでした。これは二つの刺激が垂直方向に動く場合でも同じです。垂直方向に関しては重力の影響も考えられましたが、有意な違いが認められたのは、遅い刺激の方を先と判断する傾向があることだけでした。このような傾向が認められたのは、被験者が順序の判断をする際、目標の近くを動く遅い方の刺激に多くの注意を向けたため、その処理が時間的に優先されたことが考えられます。これは「線運動錯視」と同じ原理ですね。

色と運動の非同時性錯視

モートシスとゼキは、一九九七年に、色と運動の非同時性錯視に関する興味深い論文を提出しました。口絵1(6)にあるように、この錯視は、固定した枠組みの中で、下方向に動く赤いパターンと上方向に動く緑のパターンを二五〇ミリ秒の間隔で交互に連続呈示することによって見ることができます。これは運動方向の変化が色の変化に比べて一〇〇ミリ秒ほど遅れて知覚されるという錯視です。色の変化を実際に運動方向の変化より八〇～一〇〇ミリ秒ほど遅らせると、運動方向と色がほぼ一緒に変化して見えます。逆に色の変化を運動方向の変化より二〇～三〇ミリ秒ほど先行させると、どの運動方向とどの色が一致しているのかわからなくなります。これは誰が見ても明らかな錯視ですが、問題は、なぜ運動方向の変化は色の変化に遅れて見えるかということです。神経生理学の研究領域では、一般に色より運動を担う細胞の方が応答が速いことが知られていますので、この錯視はその知見に反しています。モートシスとゼキは、これが色と運動の処理に関わる神経上の遅れに基づいて見える現象であると考えました。この考えは、神経上の異なる二つの独立したクロックの存在という仮説にまで発展していきます。しかし、西田とジョンストンは、これは神経上の遅れではなく、単に刺激構造上の違い(マーカーの違い)に基づいて生じる時間的ずれであると主張しました。当初は、研究者の多くがモートシスらの考えを支持しましたが、西田らの主張にも一理あると思われます。問題の焦点は、西田らが述べるマーカーのずれと神経上のずれの間の関係の有無であると思われます。現時点でも、まだその決着はついていないと思います。

手の交差による時間順序の錯視

最後に、手の交差による時間順序の錯視を紹介します。山本と北澤は、二〇〇二年に、腕を交差させて時間順序を判断させると順序が逆転して知覚されるという現象を報告しました。左右の手に継時的に刺激を与えてその時間順序を判断させると、通常は時間差が三〇ミリ秒程度で七〇パーセントの正答率、一〇〇ミリ秒になると九五パーセント以上の正答率となります。しかし、腕を交差させると、時間差が三〇〇ミリ秒ぐらいまでは順序判断の逆転が増えていき、さらに長くなると逆転反応は減っていき、時間差が一・五秒に達すると正答率が一〇〇パーセントになります。すなわち、横軸のマイナス(実際に左が先)からプラス(実際に右が先)に至る時間差に対して縦軸に右が先と答えた反応率をプロットすると、腕を交差しない条件での反応率曲線はS字型(累積正規分布型)になりますが、腕を交差させた条件ではそれがN字型になるということです。なお、手は交差させず手に持った棒を交差させた場合でも同じ結果になるため、この現象は、単なる左右の手の取り違いだけでは説明がつきません。その後、他の研究者が先天的に盲目の人を被験者として手の交差の実験を行ったところ、それらの被験者では逆転現象が生じませんでした。このことは、健常者において認められた触覚的な時間順序判断に、視覚的な影響が関わっており、刺激の発生源として推定された空間的な位置が関与することを示唆するものと考えられています。

三　「今」と「現在」

知覚的体制化

私たちの知覚システムが行う最も重要な働きは、背景から様々な対象を区別し、それが何であるかを認識することです。例えば図1-2(1)を見て下さい。これは何でしょうか。これを見ている間、私たちの眼の網膜上にはいくつかの黒い斑点が映っているだけですが、私たちは、斑点と斑点の見えない部分を結びつけ、不足した情報を補って全体を見ようとします。この過程は思考に似ています。これは、やがて、横を向いた小犬であることがわかるでしょう。同じように、私たちは音楽を聞く時、それを単なる音の寄せ集めとしてではなく、意味のあるまとまりとして聞きます。知覚システムには、このように見たり聞いたりするものを意味のあるものにまとめる働きがあり、これを知覚的体制化(perceptual organization)と呼んでいます。ゲシュタルト心理学者たちは、この知覚

(1) これは何ですか？

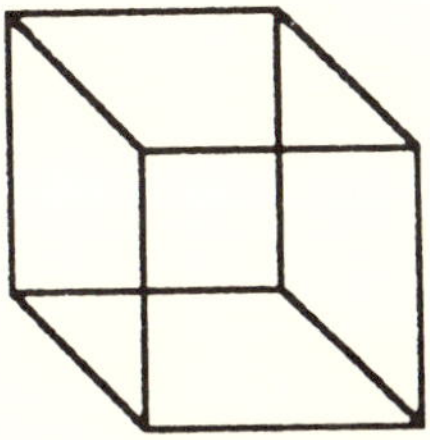

(2) ネッカーの立方体

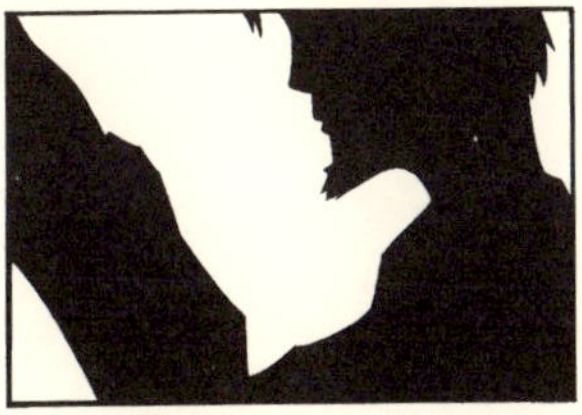

(3) 新聞を読む男と逆さまの狐

図 1-2　知覚的体制化の例および反転図形と両義図形

の体制化の原理を追究し、近接の要因、類同の要因、連続の要因、閉合の要因、共通運命の要因など、様々な群化(grouping)の要因を発見しました。これらの要因は単独で作用するというより、いくつかが同時に作用してまとまりを生じます。このまとまりは、全体として簡潔で秩序のあるまとまりとして現れるといわれています。

意識の時間的限界は三秒か

ペッペルは知覚の体制化のなかでも、特に時間的な体制化に注目しました。これは情報を時間的に統合する働きです。私たちのこの能力には限界があります。しかし、彼は、この限界こそ、私たちの「今」や「現在」という主観的経験を基礎づけていると考えました。また、この情報を統合する時間の限界はおおよそ三秒であり、それが意識の時間的限界、知覚の時間的限界であると考えました。例えば、メトロノームによって二つの音のみで主観的に一つのまとまりを形成する場合、その時間的限界は二秒から三秒であり、それ以上長くなると、一つの単位にまとめることができないということです。

私たちの「今」は、聞くことのみならず、見ることにもあてはまります。例えば、図1-2(2)を見て下さい。これはネッカーの立方体と呼ばれる反転図形です。これを見ていると、右下の正方形が手前にあり、左上の正方形が奥にあるようにも見えますが、その逆に見えることもあります。この反転に慣れたなら、できる限り速く反転するように訓練してみましょう。その後で、もう絶対に反転させないと念じながらこれを見てみましょう。しかし、その念力もむなしく、おおよそ三秒後には、もう一方の見え方に自動的に切り替わってしまうことでしょう。

同じような実験は、図1-2(3)のような両義図形でもできます。この図では、黒い部分は「新聞を読む男」に見えますが、白い部分は「逆さまの狐」に見えます。一方が注意の中心にあると、他方は背景に引っ込んでしまい、意識の中にこれら二つを同時に成立させることはなかなかできません。そこで、一方だけをじっと眺めていると、おおよそ三秒後には、もう一方の見え方が自動的に意識の中に忍び込んでくることでしょう。

詩の朗読

ペッペルによると、この三秒という時間のグループ化は、発話においても同じように見いだされます。人が何かを話す場合、連続する個々の発話の単位はおおよそ三秒であるということです。人が何かを話す場合、統語規則にしたがって文章を正しい語順に並べる必要があり、これを無制限に遅らせることはできません。ペッペルは、語りながら、前もって単語を並べる時間の限界は三秒程度であり、この基本的リズムは、どの言語でも見いだされると主張します。また、これを確信的に示すのが詩であるとのことです。例えば、次の詩を朗読してみましょう。

Wem nie durch Liebe Leid geschah（愛する苦悩を経験しなかったものに）
Dem ward auch Lieb' durch Lieb' nie nah（愛は燃え盛ることもなかった）
Leid kommt wohl ohne Lieb' allein（愛がなくとも苦悩はあるが）
Leib' kann nicht ohne Leiden sein（苦悩なくして愛はない）

このような詩をゆっくり声を出して朗読すると、どの行も三秒ぐらいになります。ペッペルがドイツ語の二〇〇の詩を調査したところ、そのうちの四分の三ぐらいは、一行当たりの朗読時間が三秒程度であったということです。英語、フランス語、日本語などの言語でも、三秒詩が特に好まれるそうです。「古池や　蛙飛び込む　水の音」も、ゆっくり音読すると、一行当たり三秒ぐらいかもしれませんね。

無記点

三秒という時間のグループ化に関連して、ペッペルは時間を再生する実験で見いだされる無記点(indifferent point)について記述しています。この実験での無記点とは、刺激時間と再生時間が同じになる時間であり、それより短い時間では時間が過大に再生され、それより長い時間では過小に再生されます。ペッペルは、この無記点もまたおおよそ三秒であり、これは処理すべき情報が利用できる時間の範囲を示していると主張します。無記点は過去の研究において様々な観点から検討されていますが、この値は測定する時間の範囲などによって大きく変動することが知られています。しかしながら、彼は、一人の被験者が数十回の試行を行う実験においても、一人一回しか試行を行わない多数の被験者による実験においても、無記点がおおよそ三秒になることを実証しています。

意識の時間的限界には個人差があるため、三秒という時間にそれほどこだわる必要はないでしょう。しかし、私たちの「今」や「現在」が、時間的に連続する事象を統合する能力と関係しており、また、その統合能力の限界によって時間枠が設けられ、その枠の中に意識が現れるという考えは、非常に貴重な見解であると思います。

四　時間の知覚

時間知覚に及ぼす刺激の影響

十数秒以内の時間についての話ですが、物理的には同じ持続時間であっても、その持続時間の長さは、様々な条件によって変化して知覚されます。例えば、同じ時間でも視覚刺激を呈示するより聴覚刺激を呈示する方が長く感じられるといわれています。また、刺激の始めと終わりをクリック音で区切る空虚時程よりも、始めから終わりまで音で満した充実時程やそれを分割した分割時程の方が長く感じられるといわれています。また、刺激は大きくて複雑なほど、同時に呈示される刺激の数が多いほど、図形の場合はそれがよい形でないほど、また、刺激が文字や単語の場合はそれらの熟知度が低いほど(例えば「ＨＩＴ」より「ＸＢＺ」の方が)、時間が長く感じられるといわれています。色の時間知覚に及ぼす影響については、比較的短い時間に関して赤い刺激は青い刺激より短く感じられるという報告がありますが、その逆の報告もあるため、まだはっきりしていません。最近では、顔の表情と時間知覚の関係などについても調べられており、わずか一秒程度の時間でも、中性顔を見ているより怒り顔の写真を見ている方が、時間を長く感じるといわれています。これらの刺激の持続時間に及ぼす影響が生じる背景については、後に示す「時間知覚のモデル」の項を参照して下さい。

空間と運動の時間知覚に及ぼす影響

時間知覚に及ぼす空間の大きさの影響は、カッパー効果(またはs効果)として知られています。これは例えば、左から右へと水平軸上の三つの光点が継時的に点滅する場合(これをa、b、cとする)、時間abと時間bcが等しくても、距離abが距離bcより長ければ、時間abの方が時間bcより長く感じられるという現象です。これとは逆に、空間知覚に及ぼす時間の影響もあります。これは時間が長くなるとともに空間が大きく見えるという現象で、タウ効果として知られています。これらは時間と空間の大小がともに変化して見える現象であるため、「時空相待現象」と呼ぶことがあります。よく間違うのですが、「時空相対現象」ではありません。なお、時間と空間のほかに運動(または速度)を加えても結果は、ほとんど同じです。例えば、一つの光点が動いているのを見ていると、速度が大きくなると運動する空間も大きくなりますが、持続時間も長く感じられます。しかし、速度が大きければ、いつでも持続時間が長く感じられるというわけではありません。不思議なことに、ゆっくり動くものを見ているより静止したものを見ている方が時間を長く感じることがあります。この傾向は実際の持続時間が長くなるほど顕著になります。私は、この現象を、ランダム・ドット・パターンを用いた実験によって確認しました。映画やテレビの映像などの有意味刺激を用いた場合、この静止刺激が長く見えるという現象は、十数秒程度の時間であれば、さらに一層顕著になります。なお、動いている映像が、予期や期待に反して、突然静止し(電車が止まる、エレベーターが止まるでも同じです)、それが再び動く映像に戻ることを期待して待っている時、その静止時間はとても長く感じられます。この場合は、刺激が静止していることよりも、私たちの予期や期待が、知覚時間を変動させる要因になっているのかもしれません。ある場所に初めて行く時の時間はとても長く感じたが、帰りはとても短く感じたという経験はないでしょうか。このような現象は、行きと帰りで、速度、時間、距離が、ほとんど同じ場合でも生じますので、予期や期待の効果といえるでしょう。

日常経験と時間知覚

ホーグランドのエピソードを紹介します。彼は妻が四〇度の熱を出したので薬を買いに行きました。彼はわずか二〇分で帰ってきましたが、彼女はもっと長い時間が経ったと主張しました。これに疑問をもった彼は、熱のある妻の打叩《だこう》速度を測ってみたところ、それはとても速い速度でした。彼は、これを契機として、脳の中には新陳代謝の速度を司り主観的時間のリズムを制御する化学的なペースメーカーが存在するという仮説を提案しました。この仮説によると、安静時よりも歩行時や走行時の方が持続時間を長く感じることが予測されます。この予測は、様々な実験で確かめられています。しかし、体温の上昇は、打叩速度を上昇させても、時間判断に影響を与えないという報告もあります。

人の睡眠は、レム睡眠とノンレム睡眠に分けられます。レム睡眠とは急速眼球運動睡眠(Rapid Eye Movement sleep)のことです。レム睡眠時には、眼球は急速に動き、脳波は覚醒しているように見えるため、これを逆説睡眠と呼ぶこともあります。レム睡眠時には、夢を見ているといわれています。睡眠後に被験者を起こして調べてみると、持続時間の主観的な長さは、いずれの睡眠時も、覚醒時とそれほど変わらないといわれています。また、極めてまれな研究として白昼夢の研究もあります。白昼夢とは、意識が過去に向いたり未来を想像したりする空想的な状況ですが、このような状況では時間が短く感じられるといわれています。また、光や音などの刺激が遮断された感覚遮断の状況における研究もあります。感覚遮断の状況では、一般に時間が過小に評価されるといわれていますが、最初の数時間は非常に長く感じられるといわれています。また、催眠時における時間判断の研究もあります。催眠状態では時間判断が正確になるという報告もあれば、暗示によって時間が極端に長く感じられたり極端に短く感じられたりするという報告もあります。

薬物と時間知覚の関係については、興奮剤を飲むと覚醒や機敏さが増して意識に大量の情報がもたらされて持続体験が長くなり、鎮静剤はその逆の効果をもたらすといわれています。ＬＳＤ、マリファナなどの幻覚剤の場合は、密度の濃い体験を経験して通常より持続時間を長く感じ、睡眠薬やアルコール、精神安定剤の場合は、持続時間を短く感じるといわれています。また、麻酔剤による低覚醒の状況は、ヨガや瞑想の状態に近く、持続時間を短く感じるといわれています。

時間知覚のモデル

私たちはいったいどのようにして持続時間を判断しているのでしょうか。この疑問についてはまだ正しい答えが見つかっていません。しかし、持続時間を見積もるメカニズムに関しては二つの基本的に異なる考え方がありますので、ここではそれらを紹介しましょう。その一つは、記憶や経験を手掛かりとして持続時間を判断するという考え方です。その代表的なモデルは、オルンスタインの認知的蓄積容量のモデルです。これは、持続体験を長期記憶に喩えたもので、持続時間の長さはその時間内に蓄積されて残った情報の関数であると仮定します。このモデルでは、持続判断において最も重要なのは、情報が最終的にどれほど蓄積されて残ったかです。このモデルは、追想的時間に関して、事象の数や複雑さが増加すると持続時間の体験が長くなることをうまく説明します。

もう一つの時間見積りの考え方は、内的時計を仮定し、それを基にして時間を判断するというものです。内的時計を仮定したモデルにはいろいろありますが、ここではザッカイとブロックの注意ゲート・モデルを紹介します。図1-3に示すように、このモデルでは、注意の影響を重視し、パルスの情報がスイッチに伝わる前に、時間情報に注意を向けるか否かを制御するゲート機構を仮定します。何か複雑な刺激を見たり聞いたりすると、覚醒が高まって単位時間当たりの蓄積パルスが増加し、時間が速く進むように感じられ、時間が長く評価されることが予測されます。しかし、課題が複雑で難しい場合には、課題に多くの注意資源が割り当てられ、時間には注意が向けられず、注意のゲートが開かないためパルスは蓄積されず、時間が短く評価されることが予測されます。このモデルでは、複雑な刺激と複雑な課題の違いが必ずしも明確ではありませんが、以上のような仮定によって、一見矛盾した結果をうまく説明することができます。例えば、右で紹介した私の運動

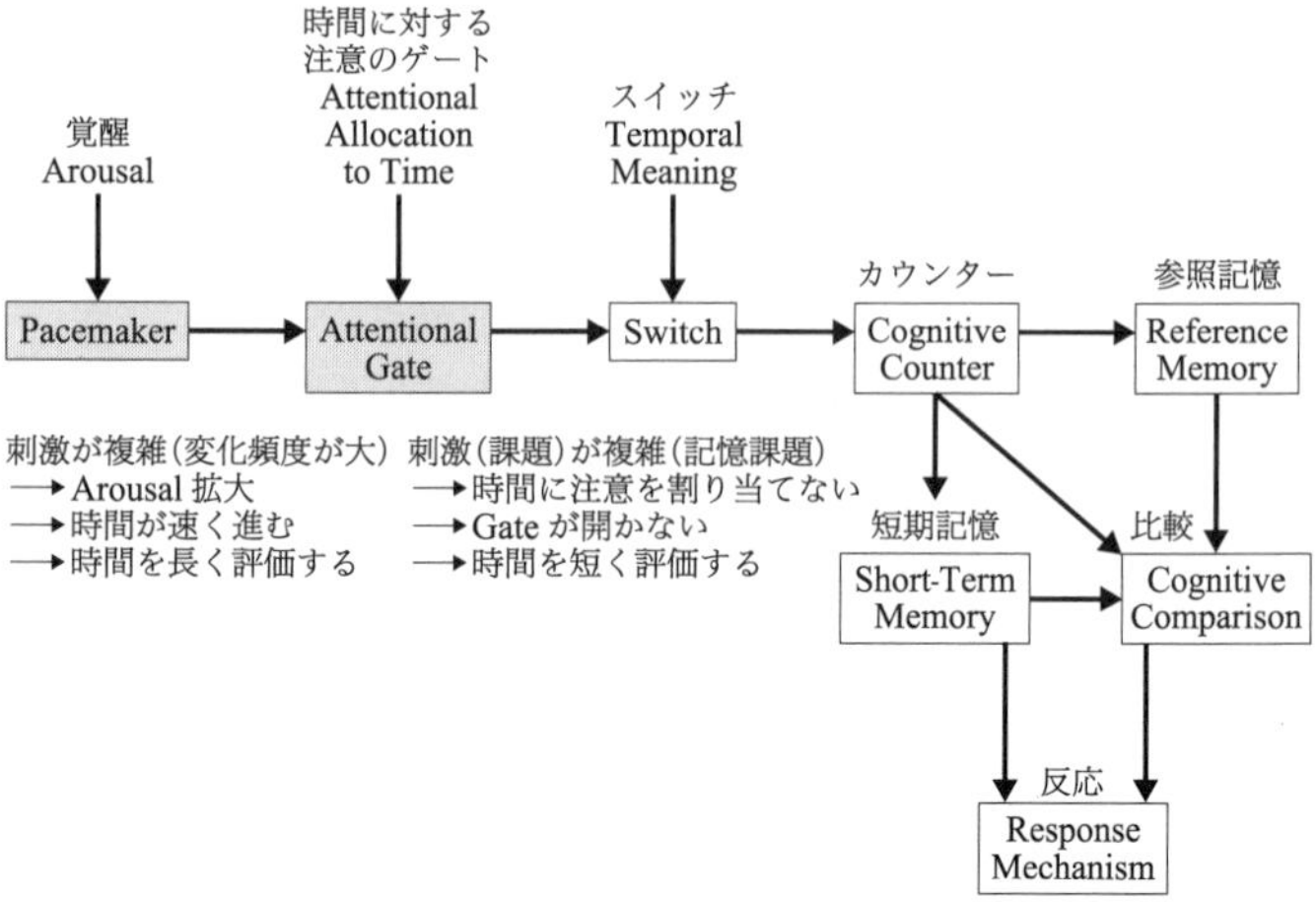

図 1-3　ザッカイとブロック(1996)の注意ゲート・モデル

刺激を用いた研究でいうと、速度が大きいほど持続時間が長く見えるのは、覚醒が増加してパルスが多く蓄積されたことによって説明ができます。他方、静止刺激を見ていて持続時間が長く感じられるのは、覚醒とは別に、注意が時間に向いてしまったことによって説明ができます。私たちの予期や期待に反して、テレビ映像が突然静止すると時間がとても長く感じられるのは、覚醒機構と注意機構が両方とも関与した結果であるとも考えられます。

いずれのモデルが最も妥当であるかについては、今後も様々な観点から検討していく必要があります。なお、上に示した内的時計の仮定を支持する生理学的証拠としては、人間の体内に周期的に変動するものがいろいろあることが挙げられます。呼吸や脈拍のほかに、人間には、信号が一巡するのに一定の時間がかかる反響回路という閉じた神経回路などもあり、それが時計の役割を果たしているのかもしれません。最近の生理学的研究では、哺乳類の概日周期（サーカディアンリズム）を司る時計が視交叉上核（SCN）であることが明らかにされています。もっと短い時間知覚に関しては大脳基底核（basal ganglia）が、運動制御や声の発生、音楽の演奏などに関わるもっと短いミリ秒単位の時間制御については小脳が関与しているといわれています。その詳細も、そう遠くないうちに明らかになることでしょう。

おわりに

心理的時間の話の最後に、哲学的な話題に若干触れておきたいと思います。

ジャネの法則

ジャネの法則とは、フランスの哲学者であるポール・ジャネが発案し、甥の心理学者であるピエール・ジャネが著作で紹介した「主観的に記憶される年月の長さは、年少者にはより長く、年長者にはより短く評価される」という現象です。これは「人が感じる時間の長さは、自らの年齢に反比例する」という現象です。つまり、五歳の人にとって一年は人生の五分の一ですが、五〇歳の人にとって一年は人生の五〇分の一です。したがって、五〇歳の人にとっての一年は、五歳の人にとっての一年の一〇分の一にしか感じられないということです。この法則は人の記憶と深いつながりがあるように思われます。この一年の間に、新しい出来事や経験が何もなく、何も記憶に残らないとすれば、この一年はあっという間に過ぎ去ったように感じることでしょう。まさしく「光陰矢の如し」です。過去に鮮烈で忘れられない出来事を数多く経験した人であれば、記憶間の対比によって、この感覚が一層強まることでしょう。この法則の妥当性については、自らの過去を振り返って判断していただきたいと思います。

退屈

ペッペルの本に次の一節があります。「時間が過ぎるのをどのように経験するかは、私たちが何をしているかに決定的に依存している。講演をする人はほんのわずかの時間しか話していないと思っていても、聴衆は時計をちらちら見ていたりする。特に恐るべきことは、同じ議論をほとんど言い方も変えずに何度も繰り返し、その言葉から離れられない人がいることである」。これは私ども大学教員には身につまされる話です。私は、大学で講義をしていると、時間があっという間に過ぎてしまって、予定の話をしないまま授業を終わらせることが、しばしばあります。しかし、講義を聴いている学生たちが、私と同じ時間の感じ方をしているとはとても思われません。彼らがどれほど私の話に関心をもってくれても、彼らの精神的努力(mental effort)や持続的注意は尽きてしまい、早く授業を終えてほしいと願い、授業が終わるまでの時間を長く感じることでしょう。このことを考慮して、私は、授業が終わりに近づいてざわめき始めたら、できるだけ速やかに授業を終わらせることにしています。人は、ただ状況に身を任せているより何かを能動的に行っている方が時間の経過を速く感じるものです。このことを熟知した教員は、様々な工夫をして、学生たちの退屈をうまく回避しているはずです。

時間の逆説

人は楽しいことをしていると瞬く間に時間が過ぎ去り、つまらないことをしていると時間を長いと感じます。しかし、後で振り返ってみると、楽しいことは長く記憶に留められ、つまらないことは容易に忘れ去られます。このように持続時間の長さの感じ方は、それを直接的に経験しているときと後で想起した場合で逆転してしまいます。ここではこういう現象を時間の逆説と呼ぶことにします。誰しもこういう現象を経験したことがあるはずですが、このような現象が起こることを心理学実験で検証したという報告を、これまで一度も聞いたことがありません。この現象はどうして生じるのでしょうか。ここでは時間が進む主観的な速さではなく、時間の主観的な長さについてだけ考えてみましょう。自分が今経験したことは極端に短く感じたり極端に長く感じたりしますが、その記憶は時とともに忘却の彼方に沈んでいきます。これは時間の経過とともに、極端がなくなり平均化してしまうことを意味します。長く感じた出来事は短く感じる方向へ、短く感じた出来事は長く感じる方向へ、その表象が推移していきます。時間の逆説とは、この反対方向への内的表象の動的な変化を意味しているのであって、実験では検証できない主観的現象なのかもしれません。

トーマス・マンの言葉

トーマス・マンの『魔の山』の「時間感覚についての補説」の最後に次の一節があります。

……もしも一日が他のすべての日と同じであれば、すべての日は一日として過ぎ去っていく。すべての日が完全に同じであれば、最も長い人生であっても、ほんのわずかな時間としか経験されず、知らぬ間に過ぎ去ってしまうであろう。

ペッペルは、これに続いて次の疑問を投げかけます。

私たちは今日寿命を引き延ばすことばかり考え、実際、医学の進歩はそのことに成功してきた。しかし、それによって私たちの人生は有意義で豊かになったであろうか。

豊かな経験が加わらなければ、それは人生がただ長くなっただけではないかということです。私たちは、人生をただ長く生きるより、人生を有意義で豊かなものにする方が大事ではないかという主張です。

これは正論かもしれませんが、私たちは、人生を有意義で豊かなものにするために、どうすればよいでしょうか。それを知るためには、できるだけ長生きして様々なことを経験する必要があるのではないかと思います。

読書案内

エルンスト・ペッペル（田山忠行・尾形敬次訳）『意識のなかの時間』（岩波書店、一九九五年）
本稿の中でも、最もよく引用した本です。絶版になっているため入手は難しいかもしれませんが、意識と時間について興味のある人には、未だに面白い本です。

仲真紀子編著『認知心理学』（ミネルヴァ書房、二〇一〇年）
これは認知心理学の入門書ですが、筆者が第3章の「時間の経過はどのようにわかるのか？」を執筆しています。その内容は本稿の内容とかなり近いです。

松田文子・調枝孝治・甲村和三・神宮英夫・山崎勝之・平伸二『心理的時間——その広くて深いなぞ』（北大路書房、一九九六年）
心理学的時間の研究をしたい人にとって、バイブルともいえる必携の専門書です。

一川誠『時計の時間、心の時間——退屈な時間はナゼ長くなるのか？』（教育評論社、二〇〇九年）
時間心理学の概説書として十分な内容の本です。心理学的時間に関する様々な問題を取り上げていますが、特に視覚を中心とした時間研究の話題が豊富です。

クラウディア・ハモンド（渡会圭子訳）『脳の中の時間旅行——なぜ時間はワープするのか』（インターシフト、二〇一四年）
著者はテレビ番組の司会者なども勤めるライターです。幅広い視点で心や脳における時間の不思議を紹介しています。

本稿において使用した引用文献と参考文献は、次のサイトで参照できます。
http://www.let.hokudai.ac.jp/uploads/tayama_references.pdf

第二章　学習する脳と時間

小川健二

一　脳の情報処理と時間

人間の運動と反応時間

私たちは日常生活において、歩いたり、自転車に乗ったり、キーボードを叩いたり、料理をしたりと、多種多様な運動を行っています。しかし、特に日頃から習熟している運動に関しては、自分がどのように手や足を動かせばよいかを意識的に考えることはほとんどありません。例えば、眼の前のマグカップに手を伸ばしてコーヒーを飲む動作を考えてみましょう。このとき、脳はまずマグカップの空間的な位置を視覚情報から把握し、どれくらいの運動指令を出せば目標に手が届くのかを計算してやる必要があります。しかも、私たちの身体は多くの関節を持つ複雑な構造のため、このような計算には複雑な方程式を解く必要があることがわかっています。しかし、私たちはそのような面倒なことを考えなくても、造作なくカップに対して手を伸ばすことが可能です。これは、私たちの脳が、無意識的に最適な運動を計算しているためだと考えられています。近年は、ホンダのアシモに代表されるようなヒューマノイド(ヒト型ロボット)が盛んに研究され、人間の自然な動きを人工的に実現する試みがなされていますが、まだ人間のもつ正確で素早い、かつ自然な動きを、人間と同じ身体構造で再現できる段階には達していません。すなわち、運動能力に限ってみれば、ヒト型ロボットは人間の能力には及んでいないことになります。これはスーパーコンピュータを使った計算や、チェスや将棋等の人工知能が人間の能力を遥かに凌駕していることを考えると、極めて対照的なことだといえるでしょう。

一方で、運動において人間の脳がロボットに比べて劣っている点は、生体や脳での信号の伝達時間が遅いということが挙げられます。例えば、眼の前に光が出たらできるだけ速くボタンを押してもらうという課題を考えましょう。このとき、光が出てからボタンが押されるまでの時間を、認知心理学では「単純反応時間」と呼びますが、これはヒトでは一〇〇ミリ秒ほどであることが知られています(ミリ秒は千分の一秒です)。また、より複雑な課題、例えば二種類の光が出て、そのうち一方だけに反応し、もう一方は無視するという課題を行ってもらうとします。すると、反応時間(これを「弁別反応時間」と呼びます)は先ほどの場合に比べ、五〇ミリ秒ほど増加します。もしこれを機械(ロボット)で実現したとすれば、単純反応時間は限りなくゼロに近くなるでしょう。その点で、近年の車のブレーキング・アシスト機能などは、人間の能力をうまく補完する役割を担って

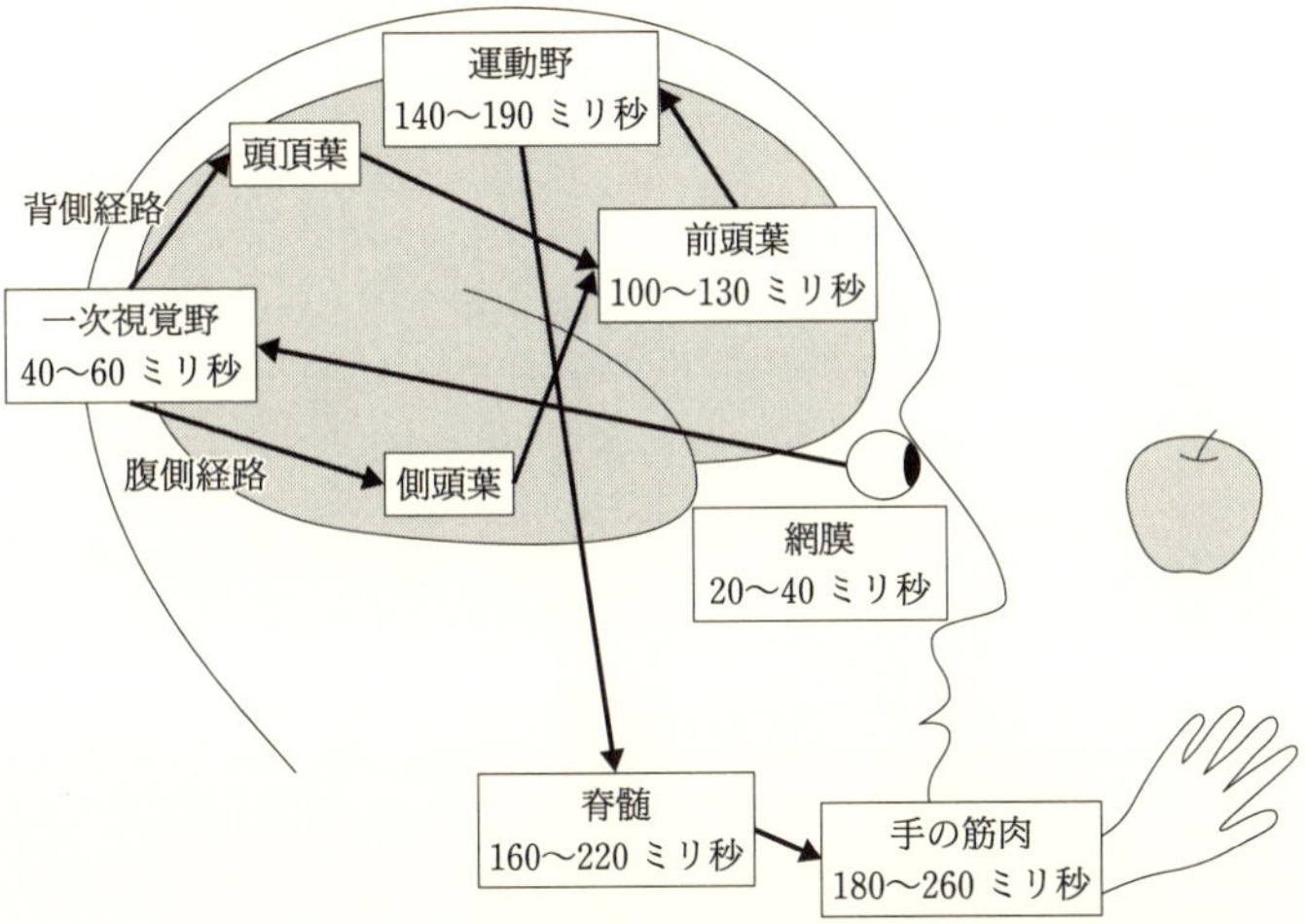

図 2-1　眼で見てから手を動かすまでの脳内の伝達時間

いるといえるかもしれません。

脳内の情報のながれと時間

この人間における情報処理の遅延時間は、その生体における神経系の伝達速度が遅いことに由来しています。図２-１に、私たちが眼で何かを見てから手を動かすまでの、脳内での信号の流れと伝達時間を示しています（ただし、この時間は人間の脳でなく、サルの脳で調べた結果です）。具体的には、外部世界（環境）の情報が視覚情報としてまず眼の網膜で受容されるまでに、二〇〜四〇ミリ秒ほどの時間がかかります。その後、視覚情報は脳の内側にある外側膝状体という場所を経由し、大脳皮質の後頭葉にある一次視覚野に送られますが、ここまでで四〇〜六〇ミリ秒の時間がかかります（なぜか視覚を最初に受け取る脳の場所は、眼から最も離れた場所に位置しているのです）。次にこの視覚野から、大きく二つの経路に情報がながれることが知られています。一つは、背側《はいそく》経路と呼ばれる脳の上側の頭頂葉へと至る経路で、この経路は主に空間的な情報の処理に関わっています。もう一方は、腹側《ふくそく》経路と呼ばれる経路であり、主に物体認知に関わっています。具体的には、例えば眼の前のリンゴをつかむ場合には、「そのリンゴがテーブルのどこにあるのか？　どのような傾きか？」などの情報を把握するのは背側経路、一方で「その物体が赤いリンゴである」などの情報を認識するのは腹側経路の役割です。この二つの情報は、独立した脳内の経路で処理され、そして最終的に前頭葉で統合されることで、「眼の前にリンゴがある」という認識が生まれます。この前頭葉に至るまでの時間は、約一〇〇～一三〇ミリ秒です。次にその情報が運動野に送られて、つかむための運動指令が生成されますが、ここまでが一四〇～一九〇ミリ秒ほどかかります。さらに運動指令が脊髄に送られるのに一六〇～二二〇ミリ秒、手の筋肉に到達して実際に運動が生じるのに一八〇～二六〇ミリ秒ほどかかります。このように「リンゴをつかむ」という簡単な運動は、私たちの脳の複雑な情報処理に支えられているのですが、そこには伝達時間の遅れというロボットにはない特徴があります。

神経細胞の伝達時間

脳の情報処理は、脳の中の一千億個とも、それ以上ともいわれる神経細胞（ニューロン）の働きによって支えられています。神経細胞同士は、軸索と樹状突起という神経繊維を介してお互いに情報

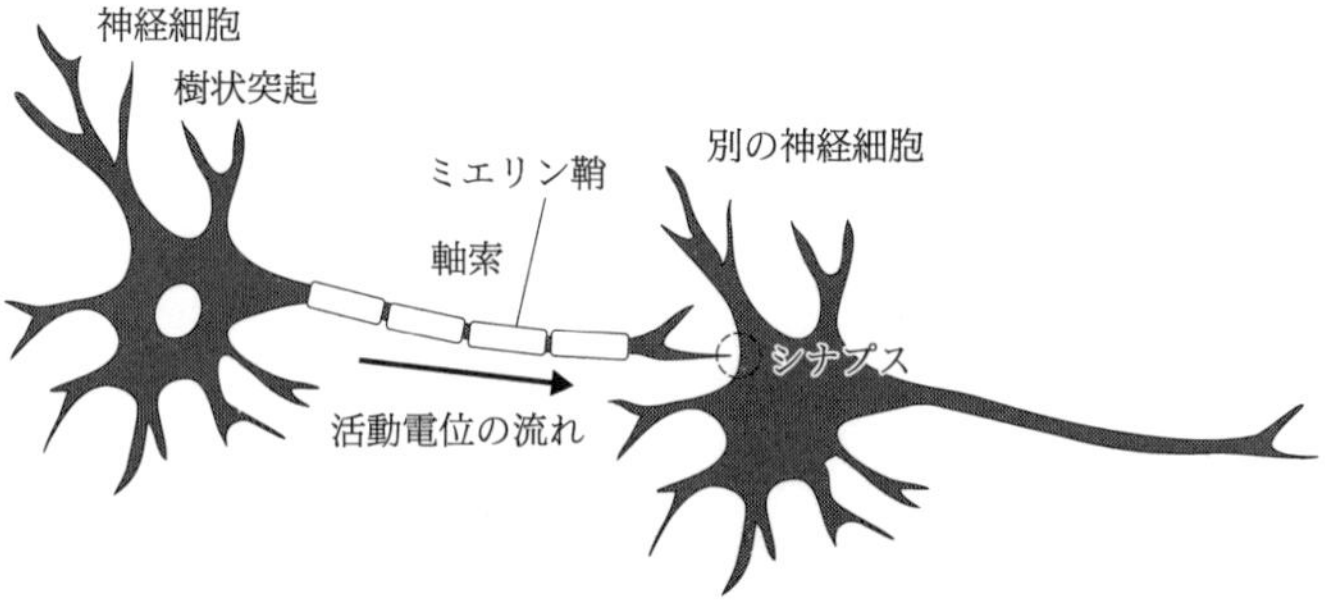

図2-2　神経細胞の形状

をやりとりしています。図2-2は神経細胞の形を模式的に描いたものです。神経活動(活動電位)は一つのニューロンから別のニューロンへと、いわばバケツリレーのような形で脳内を伝わっていきます。この神経繊維における伝達時間ですが、ミエリン鞘という絶縁体のようなものに包まれた神経繊維(「有髄神経」と呼びます)では秒速一〇〜一〇〇メートルほど、そうでない神経(無髄神経)では秒速一〇分の一〜一メートルほどです。前者は新幹線ぐらい、後者は歩行ほどのスピードに例えられますが、これは機械の中の電気信号の伝達スピードが光速に近いことに比べると、比較にならないほどの遅さになります。さらには、神経細胞同士は直接接しているわけではなく、シナプスという小さな間隙を挟んで物理的に離れています。このシナプスでは軸索における電気信号が、ドーパミンやアセチルコリンなどの神経伝達物質という化学的信号へと変換され、さらにまた受け手側の神経細胞の樹状突起で電気信号へと再変換されます。この信号変換も、時間的なコストがかかる一因になります。ただし、甲殻類等の無脊椎動物や比較的下等な脊椎動物では、神経細胞同士がシナプスを介さずに直接電気的につながっている場合が多く、その場合は伝達速度が速いことも知られています(例えば、ザリガニをつつくと瞬間的に逃げるのはこのためです)。

二　時間遅れと脳の予測機能

時間遅れを補うための脳内シミュレーション

このようなフィードバックの時間遅れがあるため、私たち人間は、実際に自分の手が動くのを見ながら、自分の運動をリアルタイムで修正するということは困難です。一方、機械を扱う制御工学においては、フィードバック制御という方法があります。これは例えば、ロボットの手の位置を、その運動中にセンサーからのフィードバック情報によって随時モニタリングし、時々刻々と位置を修正していくような方法です。しかし、このような時々刻々のフィードバック情報は、特に速い人間の運動ではリアルタイムに使うことができません。なぜなら、それは前述のように脳や生体の情報伝達には大きな時間遅れがあるためです。例えば、先ほどの「リンゴをつかむ」という行為では、運動の開始から終了までに一秒以内しかかからないでしょう。そのような素早い運動を、数百ミリ秒の遅れがある感覚フィードバック情報を使って制御することは困難なのです。そこで、このようなフィードバック時間の遅れを補うために、人間の脳には、自分の運動を頭の中でシミュレートす

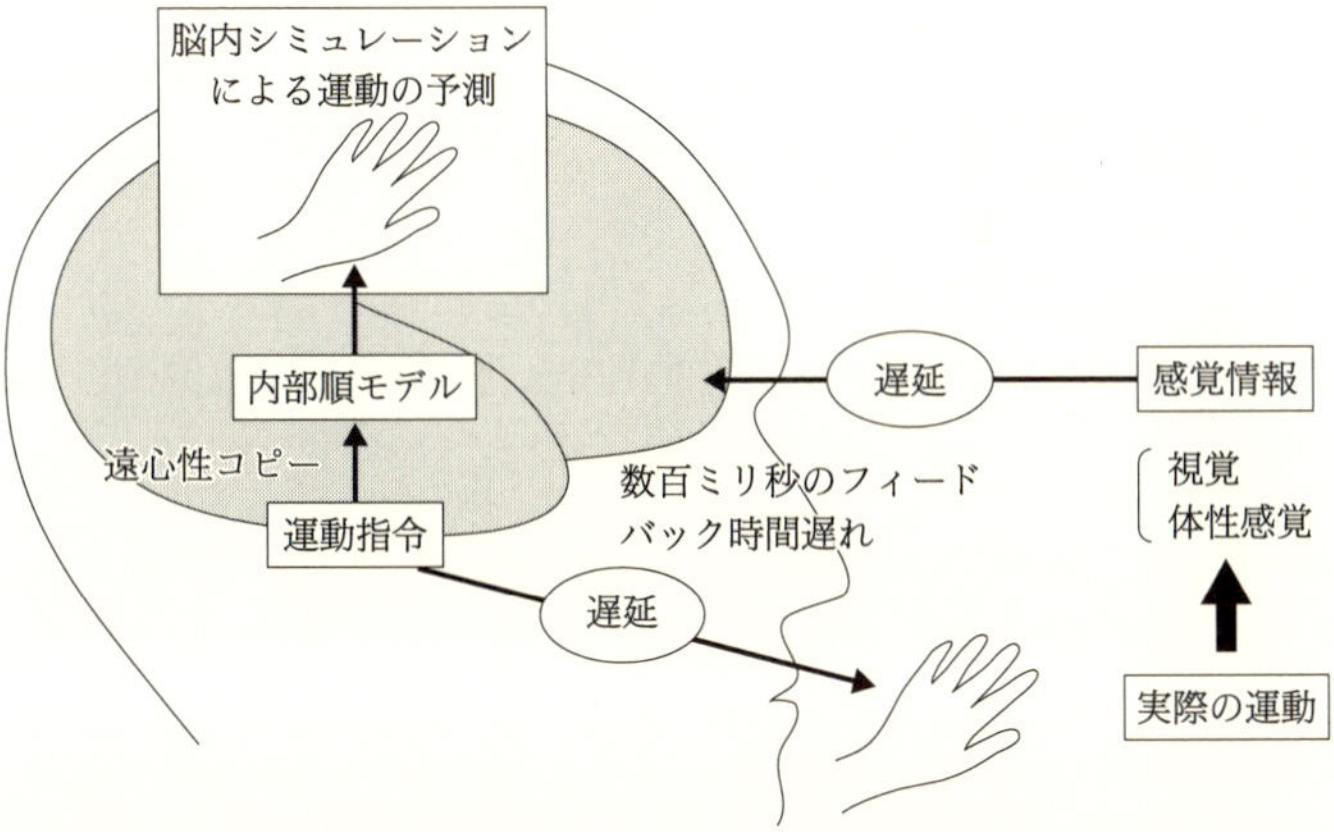

図2-3　運動する時の感覚フィードバック遅れと脳内シミュレーション

るような機能があることが知られています。

具体的には、脳で生み出した運動指令は、末梢の手などに送られて実際の運動が実行されますが、それと同時に運動指令のコピーが、脳の別の場所にも送られていることが知られています。これを運動指令の「遠心性コピー」と呼びます（「遠心性」とは脳から離れていくという意味です。逆に脳へと向かっていく情報は「求心性」と呼んで区別しています）。そして脳は、この運動指令のコピーを使うことによって、自分の手が次にどのように動くかを、実際に手が動く前に予測することができるのです。このような脳内の予測器は、内部モデル（正確には内部順モデル）と呼ばれています。内部というのは、頭の中にあるという意味です。この内部モデルという、いわば脳内の運動シミュレータを使って、運動の結果を前もって知ることで、人間は遅れのある視覚フィードバックに頼ることなく予測的に手を動かすことが可能になるのです（図2-3）。

自分をくすぐってもくすぐったくないのは？

この内部順モデルは、運動制御のためのみならず、私たちの知覚にも影響を与えていることが知られています。例えば、自分で自身をくすぐってみても、くすぐったくないですが、この現象は昔から知られています。このことについて、進化論で有名なチャールズ・ダーウィンは「人が笑いやすいのは、親しい人にくすぐられたとき、そして、くすぐられることを予期していなかったときだ」とコメントしています。この「くすぐられることを予期していなかった」というのは、まさに運動を予測できるかどうかという点を指しています。すなわち、自分でくすぐった場合には、その動きを予測できるのでくすぐったくないのですが、一方で他人がくすぐったときには動きが予測不可能なため、そのことがくすぐったさを生じさせているという考えです。

このことについて、実験的にはじめて検証した研究が、一九七一年に『ネイチャー』という英国の科学雑誌に載っています。この研究で著者らは、「くすぐりマシン」を開発して、実験に使っています。この装置は、装置につながったレバーの動きに応じて、装置から出ている棒が同期して動くという単純な仕掛けです。このレバーを被験者が自分で動かした場合と、他人が動かした場合とで、棒から足の裏に与える主観的なくすぐったさの違いを比較することができます(もし直接手を使ってくすぐった場合には、自分と他人とで物理的な触覚刺激の大きさ自体が違ってきてしまう可能性があるので、わざわざこのような装置を用いているのです)。その結果、確かに自分がくすぐるよりも他人にくすぐられた方が、くすぐったさが増すことが示されています。またさらに違う実験から、自分がくすぐった場合であっても、その動きと触覚刺激のタイミングに時間的な遅れを入れると、主観的なくすぐったさも増していき、二〇〇ミリ秒ほどの遅れでは他人がくすぐった条件と同じぐらいの大きさになることも示されています。すなわち、自分の動きの予測は、時間的にもある程度正確に予測されており、その予測信号によって自分の運動に由来する触覚入力がキャンセルされていると考えられます。

主観的くすぐったさを反映する脳活動

この行動実験から約三〇年後に、被験者の主観的な評定だけでなく、その時の脳活動についても調べてみた研究が行われています。これは機能的核磁気共鳴画像法（ｆＭＲＩ）という方法を使って人の脳活動を、脳を傷つけることなく（非侵襲といいます）可視化できる技術が一九九〇年初頭に発明され、可能になったためです。このように生きたままの脳活動を可視化する方法を、脳機能イメージングと呼びます。この実験でも、先ほどと同じようなくすぐりマシンを使って、自分がくすぐるときと、他人がくすぐるときの脳活動をｆＭＲＩで計測しています。その結果、他人がくすぐる条件では自分でくすぐる条件よりも、脳の二次体性感覚野という場所で高い活動が見られました。体性感覚野というのは、皮膚からの触覚や体の深部感覚を含めた感覚情報を受け取って処理する場所です。すなわちこの場合、物理的な触覚刺激の大きさは同じなのに、二次体性感覚野では被験者が感じる主観的な刺激の強さ（くすぐったさ）を反映する活動を示したということになります。一方、二次体性感覚野よりも前に脳が最初に体性感覚を受け取る場所として、一次体性感覚野がありますが、ここではそのような自分と他人とでの活動の違いは見られませんでした。すなわち、一次体性感覚野ではまず物理的な刺激量が表現されているのですが、これが二次体性感覚野では主観的な刺激量へと変換されているということになります。おそらく、一次から二次体性感覚野へと情報が送られる過程において、その触覚を与える動作主が自分か他人かという情報が統合され、主観的なくすぐったさが表現されていると思われます。

このようなことは、例えば、自分が相手を叩いた場合には、相手の方が自分よりも痛みを感じるという現象も説明することができます。叩くという行為はよく考えてみると、叩いた方も叩かれた側と同じ刺激を受けるはずです(もちろん、叩く側と叩かれる側で体の場所の違いもありますが)。しかし、叩かれた方が叩いた動作主よりも主観的な痛みは大きいのではないでしょうか。実は、このことについても、実験心理学者が簡単な装置を使って調べた研究が二〇〇三年の『サイエンス』という米国の科学雑誌に載っています。この実験では、被験者二人がペアになって叩き合いをしてもらっています(ただし叩き合いといっても、手のひらを軽くタッピングするものです)。そして被験者は、相手が自分を叩いたのと同じ強さで、相手を叩き返すようにと、実験者から指示されます。そうすると、二人がお互いに叩くターンを繰り返していくごとに、その叩く力はだんだんとエスカレートしていくのです。子供のケンカがエスカレートしていくのも、このようなメカニズムが一因かもしれません。

ミラーシステムと身体化による認知

ちなみに、この二次体性感覚野という場所は、自分が触覚刺激を与えられる場合のみならず、他人が触覚刺激を与えられるのを見た場合にも活動することが知られています。すなわち、他人が触られているのを見ると、自分が触られているのと同じ脳活動が、二次体性感覚野では生じているということになります。また同じように、他人が痛がっているような写真（例えば、注射されていたり、手をドアに挟んでいたり）を見たときに、私たちは自分も痛いという感覚が生じて、顔を歪めることがあると思います。実はこの時も自分が痛みを感じる場所（「痛み中枢」と呼ばれる内側前頭前野）が同じように活動していることもわかっています。すなわち、物理的な痛みを与えられていなくても、他人が痛がっているのを見ただけで、自分が痛いのと同じ脳活動が生じているのです。

このような脳の特性を、自分と他人を鏡で写したような活動という意味で「ミラーシステム」と呼んでいます。このミラーシステムによって、他人を自分の脳内で追体験する、いわば脳内シミュレーションすることで、それを体感的に認識していると考えられています。認知における身体性を重視する取り組みは「身体化による認知」と呼ばれ、近年の認知心理学・認知神経科学の重要な考え方の一つです。

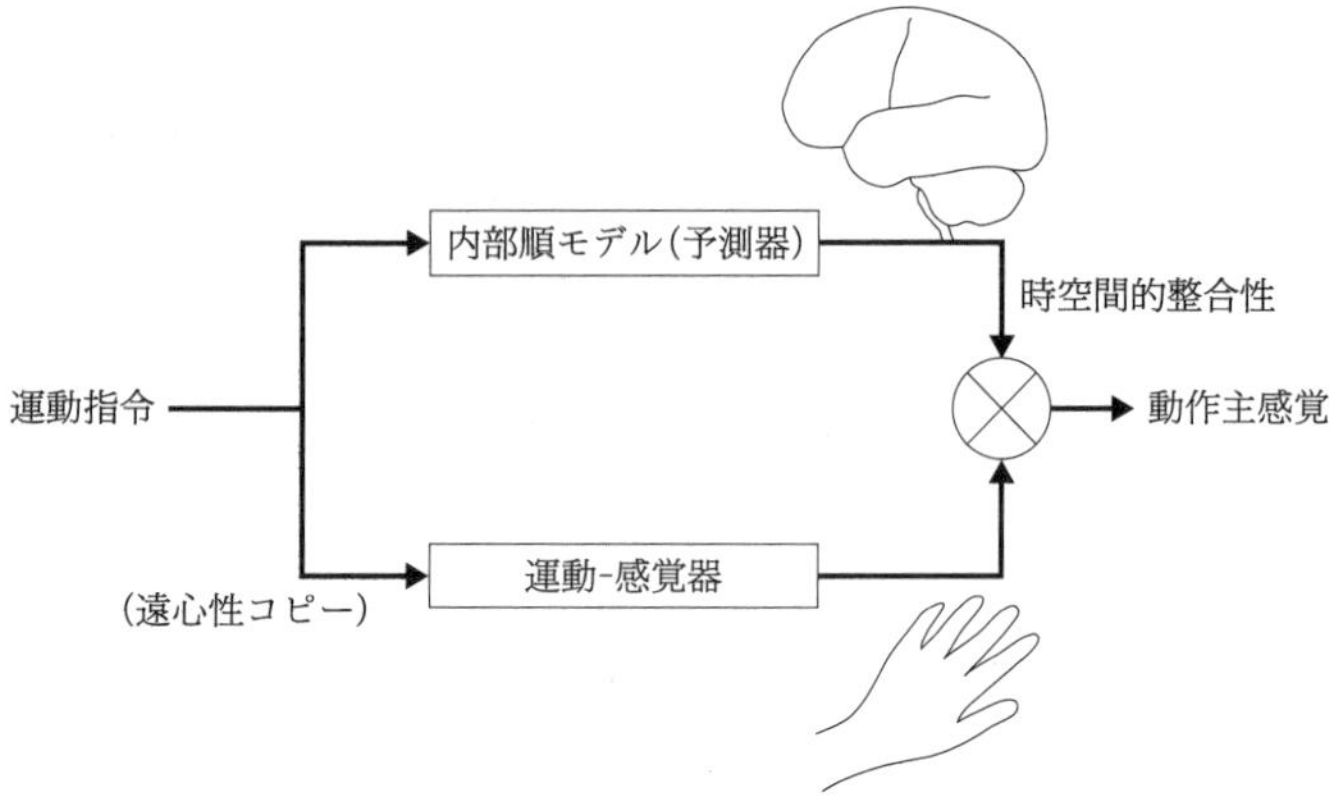

図 2-4　内部順モデルと動作主感覚

フィードバック遅れと動作主判断

前述のくすぐり実験では、自分の運動とその触覚フィードバックとの間に時間遅れを入れると、くすぐったさが増したとの実験結果がありました。これは触覚刺激が、自分の運動ではなく、他人が起こした運動の結果だと錯覚するせいだと考えられています。実際に、例えばパソコンのマウスを操作する際に、スクリーン上のマウスカーソルの動きと、実際の手の動きとの間に数百ミリ秒の時間遅れを入れると、カーソルの運動が自分の運動ではなく、他人の運動だと感じやすくなることも知られています。このように、自分が見た運動を誰が起こしたものなのか、すなわち動作主を判断する感覚は、動作主感覚(センス・オブ・エージェンシー)と呼ばれています。この動作主感覚も、脳の予測と実際の感覚フィードバック情報とを比較することで生じます。すなわちその誤差が小さければ自分の運動だと感じられ、逆に大きいと他人の運動のよ

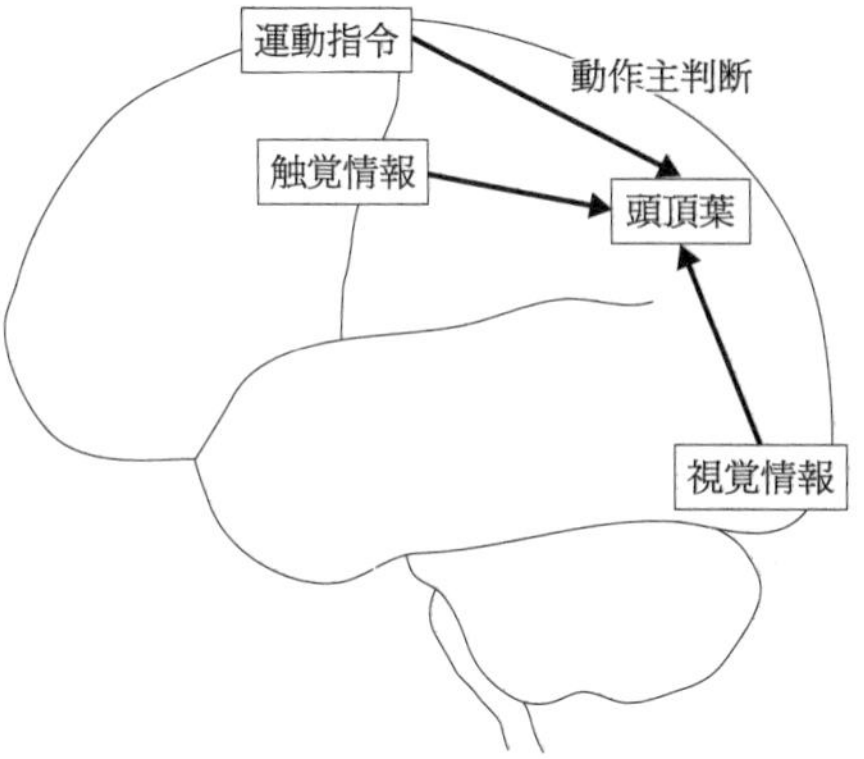

図２-５　動作主判断と頭頂葉

うに感じられるのです(図２-４)。

私たちは眼で見た、あるいは体で感じた自分の身体の運動を、当たり前に自分の運動だと判断していますが、これも脳が生み出した感覚です。それが証拠に、頭頂葉に損傷のある患者さんでは、自分の運動を他人の運動だと錯覚してしまうような症例があり、「他人の手症候群（エイリアン・ハンド・シンドローム）」と呼ばれています。また同じく頭頂葉に、人工的に磁気刺激を与えて、一時的にその機能を阻害した場合も、スクリーンに提示された運動が、自分が起こした運動なのか、他人が起こしたものなのかという動作主判断に困難が生じることも実験的に示されています。この頭頂葉という場所は、自分の運動指令の情報と、視覚・触覚等のフィードバック情報が両方入力されている場所です(図２-５)。このような脳の運動と感覚を比較する機能によって、おそらく私たちは自分の身体を認識することが可能になっていると考えられています。

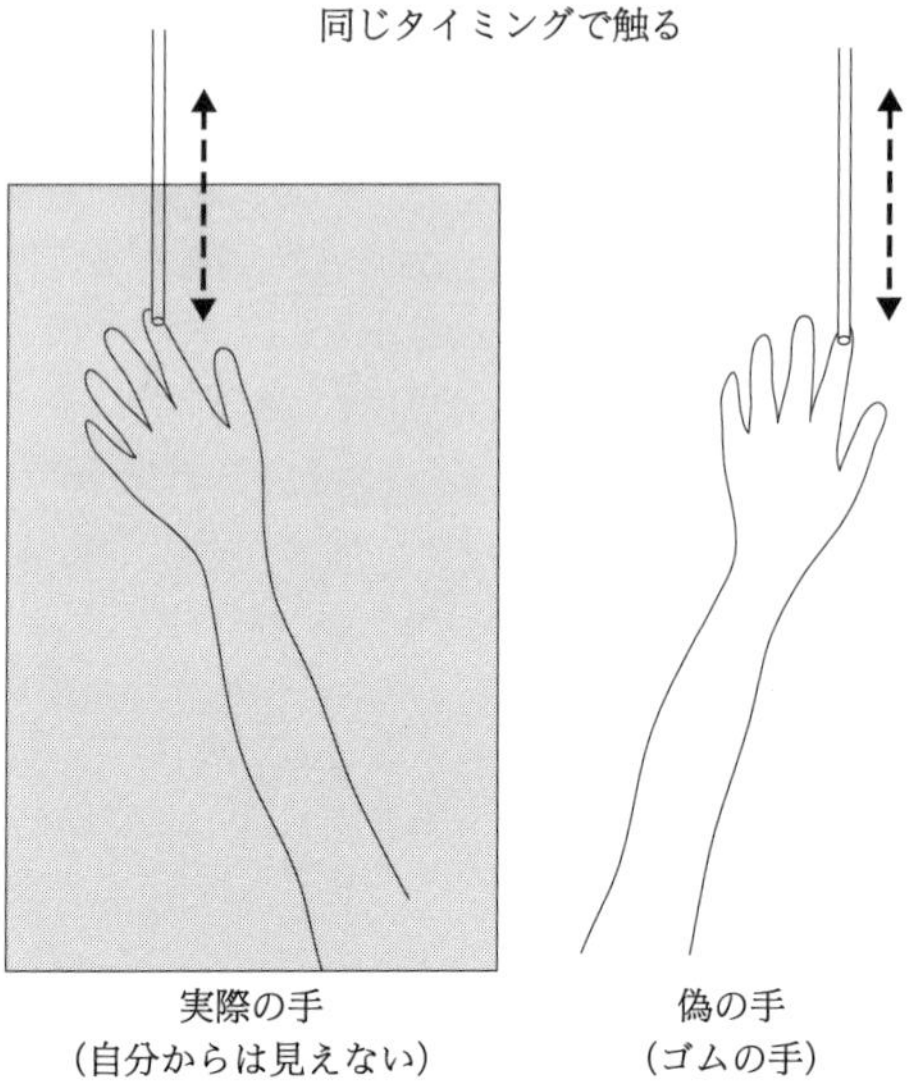

図2-6　ゴムの手錯覚（ラバー・ハンド・イリュージョン）

ゴムの手錯覚と視覚と触覚の時間的同期性

私たちが自分自身の体に感じる身体感覚は、生まれつき固定されたものではなく、身体の発達や老化に伴う変化に応じて、ダイナミックに適応していく必要があります。発達心理学の研究から、生後三か月頃の赤ちゃんには、自分の手をじっと見つめる「ハンド・リガード（リガードとはじっと見るという意味です）」という現象が見られることが知られていますが、これは自分の身体がどれなのかを理解している、すなわち身体を発見する機能を担っているとの仮説が提案されています。そして、自分の身体の境界を見つけることで、自分と他人の区別がつけられるようになるのです。

また大人でも自分の身体意識は固定されたものではなく、実験的に簡単に変わってしまうことも知られています。その一例として「ゴムの手錯覚（ラバー・ハンド・イリュージョン）」という錯覚があります（図２-６）。これは、まず被験者の手を見えないように隠した状態で、眼の前に偽の手（ゴムでできた手）を置きます。そして、被験者の手と偽の手を同じタイミングで、実験者が同時に棒でゆっくり何度もさすってやります。そうすると、ゴムの手がまるで自分の手のように感じられてしまうという現象です。ここでも、視覚情報と触覚情報との時間的な同時性が重要であり、例えば、ゴムの手に与える触覚と被験者の実際の手に与える触覚が時間的に完全に同期していないと、そのような錯覚は生じません。すなわち、触覚情報と視覚情報の時間的同時性が、自分の身体認知には重要だということになります。そして私たちの脳には、運動指令や視覚・触覚情報との時間的整合性を取りながら、自分の身体がどこまでかを動的に認識する機構があるのです。

三　脳の学習と時間

運動学習における速い要素と遅い要素

私たちは日々の経験を通じて、いろいろな運動スキルを学習することができます。一般的に記憶というと、言語化できることについての記憶（例えば、今朝何を食べたか等）を思い浮かべることが多いと思いますが、学習によって獲得される運動スキルも、実は記憶の一種です。認知心理学では、この運動記憶のことを「手続き型記憶」あるいは「非陳述型記憶」と呼んでいます（非陳述型記憶

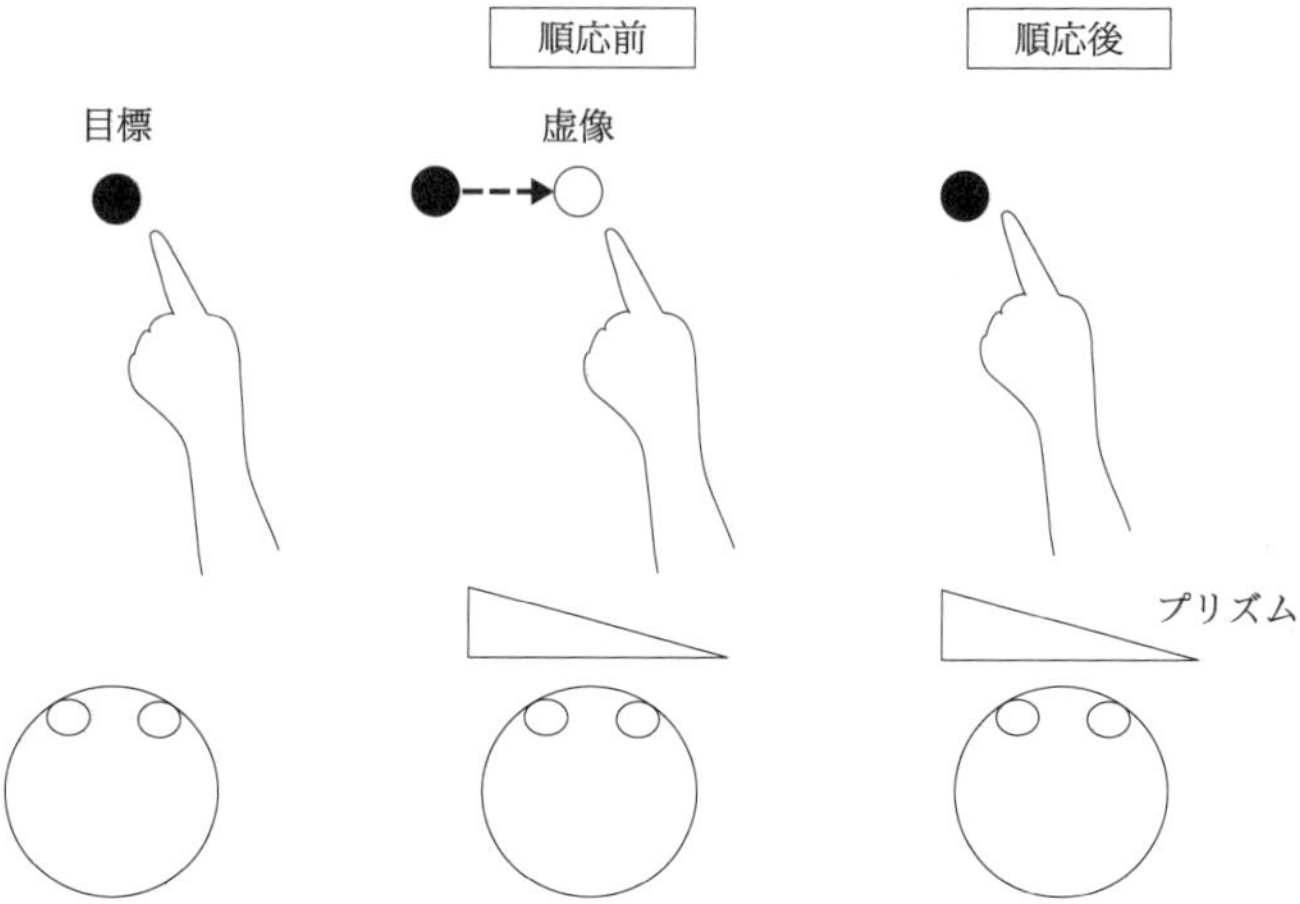

図 2-7　プリズム順応の実験

というのは文字通り、言語化ができないという意味です）。この手続き型記憶を学習する過程において、実はいろいろな時間的スケールでの記憶要素が存在することが実験から明らかになっています。

例えば、認知心理学の実験でよく使われるのが、プリズム適応という課題です（図 2-7）。これはプリズムをはめたゴーグルを被験者に付けてもらい、それによって被験者の視覚情報を左右方向にずらしたり、左右を反転させたりすることができます。この新しい視覚と運動との対応関係に、被験者は適応しなくてはいけません。そして、その新しい環境への適応過程を見るのです。このとき、まず右方向に視覚をずらすプリズムをつけた状態で、被験者に視覚的に捉えた目標まで手を伸ばしてもらうと、手はその虚像につられて目標より右にずれてしまうことになります。しかし、これを何度も繰り返すと、次第にうまく目標に手を伸ばせるようになります。次にこのプリズムに十分に適応した後、プリズムをはずして同じ運動を行ってもらうと、今度は目標よりも逆の左方向に手がずれてしまいます。しかしまた、これも何度も繰り返すとうまく手を伸ばせるようになります（これを「脱適応」と呼びます）。そして十分に脱適応をした後、今度はまた先ほどのプリズムをつけてもらうと、今度は最初にプリズムをつけた場合よりも速い時間で適応することができます（これを「再適応」と呼びます）。すなわち、いったんは忘れてしまったはずの運動スキルが、二度目の学習の際には、一度目よりも速く学習することができるのです。この現象は、学習において速い要素と遅い要素とを仮定することで、うまく説明することができます。すなわち、まず速い要素はすぐに脱適応するので、表面的な行動としては脱適応したように見えます。しかし遅い要素はまだ脱適応しきっていないため、二度目の再適応時にはその要素が残っており、その分学習が速くなるというのです。

また同じプリズム適応を使った実験で、速い要素と遅い要素を示唆するような現象が他にも知られています。これは、まず右方向のプリズムに適応してもらった後に、今度は逆の左方向に視覚をずらすプリズムに対して適応してもらうという実験です。そうすると見かけの行動上は、逆の左方向に対して適応が生じます。その後で最後に、プリズムをはずした状態で運動してもらうと、驚いたことに最初のプリズムに対する方向への順応（右方向へのずれ）が生じるのです。この現象も、同じように遅い成分が前の適応結果を忘れずに残っていると仮定すると、うまく説明することができます。これらの実験結果から、脳内には少なくとも速い要素と遅い要素という二つのプロセスが存

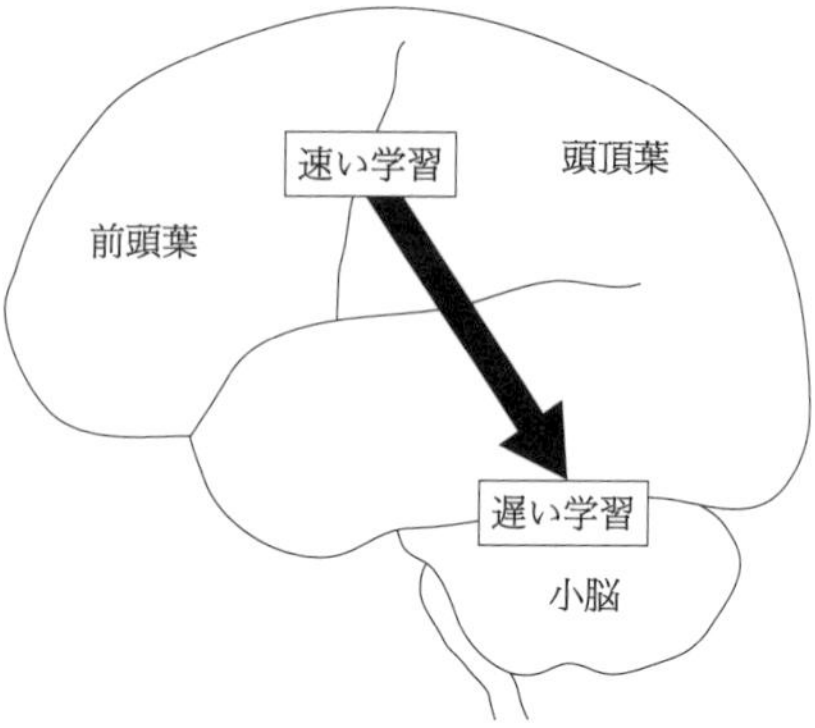

図 2-8　運動における速い学習と遅い学習

在していることがわかります。すなわち人の運動学習には速い成分と遅い成分があり、前者はすぐに学習する代わりにすぐ忘れてしまいますが、後者は学習に時間がかかる代わりになかなか忘れないのです。一夜漬けはすぐ忘れてしまうが、長い時間をかけて覚えたことはなかなか忘れないのに似ています。

そこで著者らの研究グループでは最近、これらの異なる時間スケールの学習要素に関わる脳活動を、前述のｆＭＲＩを使って調べるという実験を行いました。実験では、プリズム適応に似た視覚運動学習をパソコン上のカーソルを使ってＭＲＩの中で再現し、その適応過程での行動データと脳活動を計測したのです。その結果、大脳皮質（特に前頭葉と頭頂葉）は速い学習要素に関わっており、一方で小脳は遅い学習要素に関わっていることが明らかになりました（図２-８）。おそらく大脳皮質は、意識的な運動誤差の修正の過程（今回は右にずれてしまったから、次はもっと左に手を伸ばそうというような意図的な考え）を反映しており、一方で小脳は無意識的な過程（頭で考えずに体で覚え込むような過程）を反映しているものと思われます。「頭で考えずに」というと体が覚えているように感じてしまいますが、実際にはおそらく意識上には上らない脳の活動(この場合は小脳)によって支えられているのです。すなわち私たちの運動学習においては、いろいろな時間スケールでの学習プロセスが同時並行的に走っていて、それは脳の別の部位が関係しているということがわかっています。

感覚と運動間での時差順応

前述のプリズム適応は、左右方向という空間的な位置に対する学習でしたが、時間的な適応に関する実験もあります。私たちは外界の情報を複数の感覚器(センサー)から受け取っています。例えば、他の人と会話している際には、声による聴覚情報と、口や顔の動きなどの視覚情報を同時に受け取って処理しています。その場合、口の動き(視覚)と声(聴覚)とは同期していると感じることができます。しかし実際には、視覚(眼)から入ってくる情報と、聴覚(耳)から入ってくる情報とは、脳は時間的に同時に受け取っているわけではありません。具体的には視覚の方が、網膜において光の情報を電気的信号に変換する(これを「光電変換」と呼びます)必要があるため、聴覚よりも脳に到達する時間がわずかに遅くなることが知られています。しかし、私たちは視覚と聴覚とを同時に生じたものだと主観的に感じ取ることができます。これはおそらく、視覚と聴覚とが同時に感じられるように、脳が異なる感覚間で時間差の調整をしているためだと考えられます。

そのような脳の時間調整機能の適応過程について調べる実験も行われています。例えば、スクリーン上に提示する光刺激(フラッシュ)と、スピーカーから提示する聴覚情報(ピッというビープ

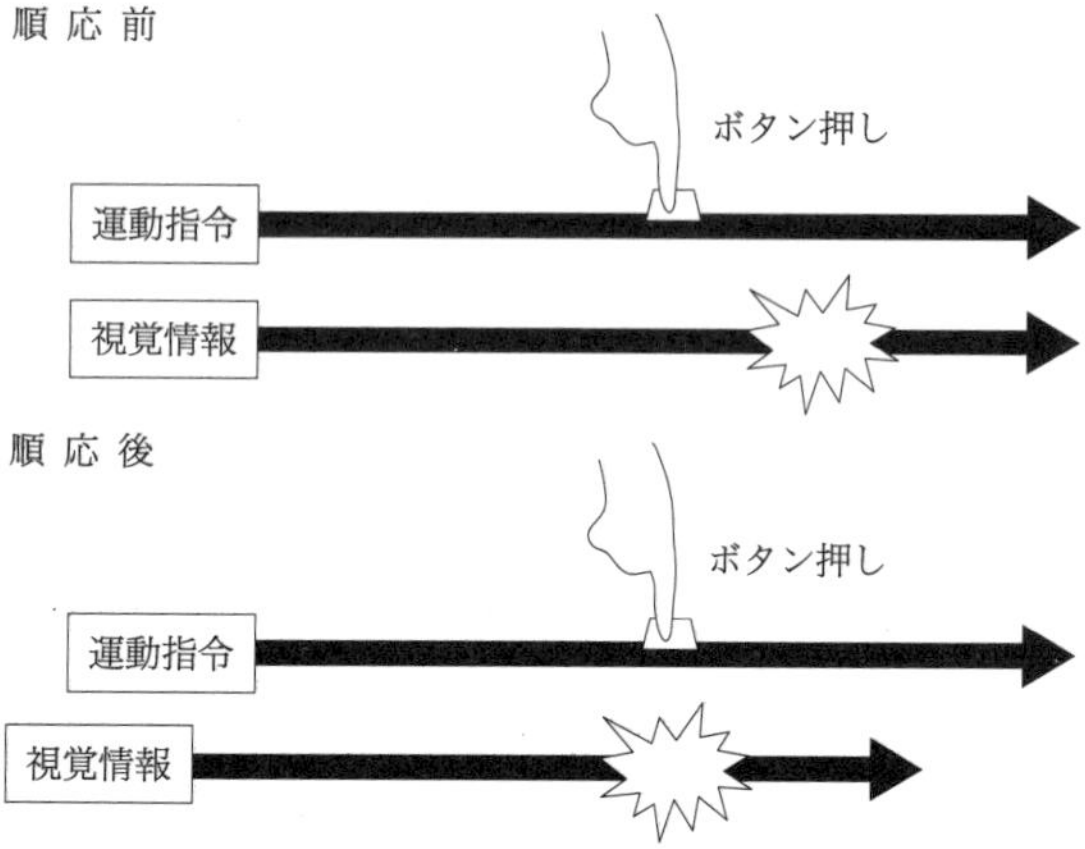

図 2-9　感覚と運動間での時差順応

音)との間に、時間的な遅れを導入します。そうすると、最初は視覚と聴覚とのタイミングは異なって感じられますが、同じ試行を繰り返し経験させると、次第にそれが同時に感じられるようになる現象が知られています(「時差順応」と呼ばれています)。このように、脳の時間判断に関わる機構は固定されたものではなく、経験に応じて動的に変化しうるものだということになります。

　このような時差順応は、複数の感覚情報の間のみならず、自分の運動指令と感覚情報との間にも生じることが知られています。前述のように、自分の運動の結果生じる視覚的変化(例えば、ボタン押しとフラッシュ)に時間遅れを導入すると、それが自分の運動だと感じにくくなります。しかしこの時間遅れを繰り返し経験すると、運動と視覚との間に時差順応が生じ、自分の運動だと感じられるようになります(図2-9)。すなわち脳は、様々な運動と感覚情報間の時間的同時性を、経験に応じてダイナミックに適応しながら判断しているということになります。また、脳磁図という方法を使った私たちの最近の研究から、この運動と視覚との時差順応にも、脳の頭頂葉における予測機能が関わっていることも明らかになってきています。すなわち、自分の運動（ボタン押し）の結果、どれぐらいの時間遅れで視覚フィードバックが生じるかということを頭頂葉が予測しており、その時間予測が経験によって変化するのです。

睡眠中の脳活動リプレイと時間のながれ

睡眠学習という言葉があるように、学習における睡眠の役割については、心理学においても古くから多くの研究があります。例えば、睡眠が記憶の定着（固定化）や整理に役だっているという仮説は、ラットなどの実験からも多く支持されています。また人においても、睡眠や、さらに睡眠を取らなくても学習中に何もしない休息期間を取ることが、その後の運動パフォーマンスに正の効果を及ぼすことが知られています。具体的には、休息を取ることによって学習直後よりも運動パフォーマンスが上がるという報告や、学習した運動記憶が他の新しい運動記憶によって妨害（干渉）されない、すなわち定着度が増す（固定化される）という報告が、人の行動実験から多く示されています。このように睡眠や休息中の脳活動についても、近年の研究から明らかになっていますが、そのなかで一つ、睡眠中の時間のながれについて調べた二〇〇七年の『サイエンス』という雑誌に載った研究を紹介したいと思います。

この研究ではラットを使って、迷路の学習をさせています。ラットが迷路の中を動き回りながら、エサがある場所にたどり着くという課題です。そして、迷路学習中の脳活動を記録するとともに、その後でラットが寝ている時の脳活動も計測しました。その結果、寝ている時にも、その前の迷路学習をしている時と同じような脳活動の時間パターンが多くのニューロン集団の中で生じていることがわかったのです。すなわち、起きている時の脳活動が、寝ている時にリプレイされていたのです。そして興味深いことは、この睡眠中のリプレイ活動は、起きていた時の活動に比べて、六〜八倍程度のスピードで再生されていました。すなわち、睡眠中には覚醒時に体験した脳活動が、早送り再生されていたのです。「邯鄲《かんたん》の枕」という故事があるように、私たちは睡眠中の時間の流れ方を速く感じることがあると思いますが、それは睡眠中に脳活動が早送りされているからなのかもしれません。

脳イメージングの実時間利用と脳の学習

ｆＭＲＩに代表される脳イメージングですが、最近ではその結果を実時間（リアルタイム）で処理して、何かに応用しようという研究も盛んに行われています。これまでの脳イメージング研究は、何かの課題をやっているとき、脳のどこが活性化するかをみるというようなものが主流でした。最近は脳科学ブームで、テレビなどでも脳が活性化している部位を赤く光らせたような絵がよく出てきます。昔はｆＭＲＩの分析結果を出すには、速くても数時間ほど必要だったのですが、技術的な進歩によってそれが瞬時にできるようになったことで、応用可能性が出てきたということです。実際にｆＭＲＩの実時間利用に関わる研究の数は、二〇一〇年以降に急増しています。

では何に応用するのかということですが、現在は二つの方向が主流です。一つは、脳活動を使って機械やコンピュータを動かそうという研究で、ブレイン・マシン・インタフェース、あるいはブレイン・コンピュータ・インタフェースと呼ばれています。考えただけ(比喩的にいえば念じただけ)で機械を動かすことができるというものです。まるでＳＦの世界のようですが、近年現実に研究が進んでいます。例えば、京都にある国際電気通信基礎技術研究所では、ｆＭＲＩの脳活動パターンを運動野から計測し、それを使うことで、被験者の簡単な手の運動(じゃんけん)をロボット・ハンドで再現することに成功しています。また同じ研究所では、ホンダのアシモを使って、被験者が念じただけで四種類の簡単な手足の運動を高い確率で再現することにも成功しています。このような技術は将来的に、体を動かすことができない身体麻痺の患者さんや、高齢者の方への応用という分野で期待されています。また身体という拘束をはずして、外界と脳とが直接的につながることで、脳にどのような変化が生じてくるのかを考えるのも興味深いテーマです。

応用のもう一つの方向として、ニューロ・フィードバックというものがあります。これは、被験者自身の脳活動をリアルタイムで被験者自身に見せて、その活動を望ましい方向に変えていこうとするものです。「脳を鍛える」という言葉がありますが、ニューロ・フィードバックは本当の意味で脳を鍛える方法だともいえます。心理学の分野では、古くからバイオ・フィードバックといって、人間の生体信号、例えば脳波や心拍、皮膚電気抵抗などを被験者に提示して、それを本人がコントロールする実験が行われてきました。一方で、fMRIに代表される近年の脳イメージングの進歩によって、脳波よりも詳細に特定の脳部位からの活動を抽出してきて、それを被験者に提示することが可能になったのです。このような研究の例として、例えば運動のイメージトレーニングを促進できたというものがあります。人が実際に運動する際には、脳の運動野という場所が活動することは前に述べましたが、実は実際に運動しなくても運動するところをイメージするだけで運動野は活動することがわかっています。ただしその活動は、実際に運動をする時に比べると非常に小さいものです。そこでニューロ・フィードバックを使って運動イメージ中の運動野の活動を被験者に提示し、その活動を増幅することができないかという実験がなされています。その結果、実際に被験者は運動野の活動を増幅させることができたのです。このような研究は、これまでイメージトレーニングという眼に見えなかった方法を、脳活動を使って可視化することで支援するというものです。

また、より臨床的な応用として、慢性疼痛症の患者さんに対する適用も知られています。慢性疼痛というのは、病気や外傷などの明らかな原因がないにもかかわらず、痛みが長く続くという症状です。すなわち原因がわからないので有効な治療法がないのですが、おそらく脳が痛みを間違って感じ取ってしまっている状態だといえます。そこで、脳の活動をコントロールすることで、痛みを軽減できないかという実験がなされています。コントロールの対象としたのは、内側前頭前野という痛み中枢と呼ばれる場所です(前述の痛みのミラーシステムでも出てきた場所です)。実験では、この場所の活動を被験者にニューロ・フィードバックで呈示し、活動を意識的にコントロールできるように訓練しました。その結果、実際に痛み中枢の活動を制御できるようになり、これにより痛みのコントロールもできるようになったのです。このような臨床応用は、ニューロ・フィードバックの大きな可能性を示唆しています。実際にここ数年で、パーキンソン病における運動障害(二〇一一年)、うつ病(二〇一二年)、強迫性障害(二〇一三年)に対し、これらの症状をニューロ・フィードバックによる脳の訓練によって軽減できたという論文が次々と出てきているところです。

このように脳イメージングの実時間応用に関する研究はまだ始まったばかりですが、無限の応用可能性を秘めているものです。ただし脳をどこまでコントロールしてよいのかというような大きな倫理的な問題点もはらんでいます。しかしこのような方法は、これまで操作して調べることが困難だった脳と心の関係性について、深く踏み込んで調べる一つの道具にもなり得るものと考えられます。

読書案内

乾敏郎・川口潤・吉川左紀子編『よくわかる認知科学』(ミネルヴァ書房、二〇一〇年)

認知科学の基礎についての解説書です。本章でも述べた脳の予測機能やミラーシステムについての解説もあります。

Tom Stafford・Matt Webb(夏目大訳)『Mind Hacks——実験で知る脳と心のシステム』(オライリージャパン、二〇〇五年)

本章で述べた「くすぐり実験」についての説明があります（ダーウィンのコメントもこの本から引用しました）。それ以外にも、様々な興味深い心理実験の例が満載です。

開一夫・長谷川寿一編『ソーシャルブレインズ――自己と他者を認知する脳』（東京大学出版会、二〇〇九年）

社会認知神経科学についての解説書です。内部順モデルやゴムの手錯覚などについての解説もあります。

坂井克之『心の脳科学――「わたし」は脳から生まれる』（中公新書、二〇〇八年）

心と脳の関係を調べる脳機能イメージングについて、様々な研究が紹介されています。

川人光男『脳の情報を読み解く――ＢＭＩが開く未来』（朝日選書、二〇一〇年）

ブレイン・マシン・インタフェース等の脳イメージングの実時間利用についての解説書です。

第三章　時間の神経経済学

高橋泰城

一　時間と意志

古代における時間に関する考察

私たちは、古来より、時間や自由意志、また意思に関しての考察をしてきました。例えば、古代ギリシャの哲学者ヘラクレイトスは、世界に存在するものはすべて時間とともに変化し、移ろいゆくものだと論じ、対立するもの同士が変化のうちに統一されてゆくと考えました。つまり、時間の中にある世界の事物は無常であるという考え方です。それに対し、パルメニデスは、時間とともに移ろいゆくように見える事物の背後には、時間によらず存在し続ける不滅の何か(無時間的な実体)が存在すると考えました。後者のパルメニデスから、古代の数学者ピタゴラスとその弟子たちにおける「知性は感覚よりも優越する(なぜなら知性は時間によって変化するということのない数学的真理を把握するが、感覚は移ろいゆく出来事しか知覚・経験させないから)」という信念などとともに、プラトンのイデア説や霊魂不滅説などが生まれ、その後に発生したキリスト教にも影響を与えることになりました(ラッセル一九七〇)。

このような二つの異なる考え方は、物理的科学(物理学・化学)、生命科学(生物学)、社会科学(政治学・経済学・社会学など)、倫理学においてもしばしば対立する(大きくわけて)二つの立場の源流となってきました。物理的科学の源流となる自然哲学においては、あらゆるものの素は水であると考えたタレスに対し、変化の駆動力となる火が万物の素であるとヘラクレイトスは考えました。また、原子論を提唱したデモクリトスは、ものが変化していく背後に、目に見えないほど小さな、またそれ以上は分割することもできない「原子」の組み合わせの変化が存在すると主張しました。このデモクリトスの説における「原子」はパルメニデスの無時間的な実体にやや似た考えであり、ラボアジェなどを通じて、後の近代化学における原子論の復活へとつながりました。

生命科学においては、

生物(いきもの)の本質的特徴は、それが活動的でうごめき続ける点にある一方、非生命の本質的特徴は(外からの作用なしでは)動かない点にあり、生物には、単なる物質にすぎない非生命には存在しない独自の「活力」のようなものが内在している

と考える「生気論」や、

生物だけでなく、世界に存在するものすべてには、躍動性や時間発展性が内在していると考える「物活説」において、ヘラクレイトスの「動的」な生命観・世界観が引き継がれました。その一方、パルメニデスのような考え方で生命を捉えると、生物が何世代もの間、ほとんどその形態を変化させないという観察事実から、生物の宿命的な変化過程である「生・老・病・死」という移ろいゆく生命現象の背後に、世代を超えて引き継がれる不変な「遺伝子」が存在するという仮定をした「遺伝学」の発想につながります（モノー一九七二）。

古代における意志に関する考察

倫理との関連において、意志の問題を論じた古代の代表的な人物はアリストテレスです。後に発生したキリスト教的な倫理観と比較すると、アリストテレスの倫理に関する考え方は、幸福や快楽が人間の目的であり、徳はそれらを達成する手段に関する規準であると考える傾向が強いことに特徴があります。この点は、近代以降に発展した経済学の大もとになった「功利主義」の考え方にも近い傾向です。また、プラトンやソクラテスを悩ませた問題である、「人間が自らがよいと信じていることに反して、ある行為を為す」ことを、アリストテレスはアクラシア（意志の弱さ、自制の欠如）と呼び、意図的な行為のなかには、非合理的なものも存在する可能性を示唆しました。このような行為の例としては、「自分にとってはダイエットして健康を維持した方がよい」と判断している人が、「ケーキを食べることがダイエットにとってよくないことである」ことを知りながら、ケーキを食べるという行為を意図的に行う、といったものがあります。この問題は、後に第二節の「異時点間選択」で説明するように、近年の行動経済学や神経経済学では、「時間割引」という考え方によって研究が進められています。

また、意志の問題は、時間に関する問題とともに考察された歴史もあります。前項「古代における時間に関する考察」で言及した原子論者たちのうちデモクリトスは、世界には厳密に決定論的な自然法則が備わっており、人間の行為を含めてすべての出来事の起こり方（私たちが何時起床するか、なども含めて）が、あらかじめ必然的に決定されてしまっていると考えました。この考え方によると、普通の意味での「自由意志」は私たちには存在しないということになります。また、それに対し、原子論的な唯物論者で詩人のルクレティウスは、原子にもあらかじめ決定された通りには運動しない習性（クリナメンというラテン語で呼ばれます）が備わっており、それが人間の自由意志の源であると論じました。ここで述べた原子論における考え方は、自由意志が存在するかしないかにかかわらず、（人間の行為を含めた）世界における出来事を、（普通の意味における）原因とそれによって生じた結果という連関（因果関係）のもとに捉えるという特徴があります。この捉え方は、原子論の基本的な見方である「機械論」に基づく世界観の一例です。それに対し、アリストテレスにおいては、「目的因」を用いた現象の説明(ある事物は本来あるべき位置に向かうように落下するのである、など)も多くなされていて、「目的論」に基づいた世界観も色濃く反映されています。目的論的に人間の行為を説明する場合には、例えばはしごに上り始めた人を見て「なぜあの人ははしごを上るという行為をしたのでしょうか」という問いに対し、「なぜならあの人は柿を取ろうとしたからです」というように、説明される行為(はしごに上るという行為)より時間的に後になって為される行為(柿を取るという行為)を、説明として持ち出すところに特徴があります(このような説明を「理由」による説明と呼びます)。このように、理由に基づいた説明が可能な行為を為す行為者には、「合理性」が備わっていると考えられます。それに対し、「なぜあの柿は枝から落っこちたのでしょうか」という問いに対し「その柿はもう十分熟しきったからです」という説明をする場合は、「柿が落下する」という出来事を「柿が熟した」という、説明される出来事(柿の落下)よりも時間的に先行する出来事によって説明しています(このような説明を「原因」による説明と呼びます)。このような「原因」による説明が可能な「出来事」には、「合理性」という心の性質は備わっていないと考えられます。アリストテレスが論じた「アクラシア問題」は、「たとえ理由がある行為でも合理的ではない場合があるのではないか」という問題提起の一つであると考えることもできます(デイヴィドソン二〇〇七)。

近代における時間の考察

近代において、時間というものが、世界を理解するうえでの鍵であることに気がついた人の代表がガリレオ・ガリレイです。ガリレイは、振り子が一回揺れるのにかかる時間(周期と呼びます)が、振り子についている重りの重さには無関係であることや、落下する物体の移動距離が落下し始めてからの時間の自乗に比例すること、などの数学的な関係性が世界に生じる出来事に存在することを見出し、物体の運動という現象の背後には、数学的に定義された時間によって特徴づけられる法則が存在することを突き止めました。これらの発見は、(占星術師兼天文学者であったヨハネス・ケプラーが見出した、天体が運動する際の軌道が円ではなく、楕円であるという幾何学法則などとともに)後にアイザック・ニュートンにより、どんな状態に置かれている人にとっても共通する(単一に定義づけられた)「絶対時間」を用いた「古典力学」の完成につながりました。そのニュートン力学においては、以下の三つの法則を「公理」として設定し、そこから数学的に導出される様々な関係式が実験や観測のデータと比較されます(藤原一九八四)。

第一法則(慣性の法則)

どんな物体でもそれが一定の速度で運動し続けている場合、その物体は力を受けていない。

第二法則（運動方程式）
　力を受けているどんな物体にも、その物体の質量に反比例した速度変化（加速度）が生じる。

第三法則（作用・反作用の法則）
　ある物体「甲」がほかの物体「乙」から受けている力の強さは、物体「乙」が物体「甲」から受けている力の強さと（どんな場合でも）等しい。

　このような古典力学を建設するために、ニュートンは、ギリシャ時代はおろか十七世紀になってもまだ知られていなかった「微積分学」という数学の分野を創始しました。古典力学の第二法則はその微積分を用いると以下のように記すことができます。

力＝力を受けている物体の質量×力を受けている物体の位置を絶対時間で二回微分した量

　この第二法則は左辺が原因で右辺が結果です（したがって、右辺を原因だとして、ある物体が加速すると、その加速が原因となって、その物体から左辺に示される強さの力が発生する、などと考えるのは間違いです）。
　ここで、ニュートン力学が明らかにした運動法則によると、ある物体の速度がどれだけ速まるかという加速度は、その物体が外部から受けている力によって決まってしまい、「その物体がどれだけ(内発的に)力を出すかまたは加速しようとするか」という能動性が、物体の運動という現象の説明から除去されたことが重要です。また、第一法則である慣性の法則は、ある物体が特定の速さで特定の方向へ向かっていっているからといって、その物体がそちらの方へ向かおうとする、または向かわせようとする駆動力が働いているに違いない、と考えることが間違いであることを主張しています。つまり、特定の運動をし続けている物体を見かけたら、その物体がその運動をし続けていることに何の理由も原因も(そして目的も)ない、と考えなくてはならないことが判明したわけです。こういったことから、ニュートンの古典力学の理論体系においては、運動という現象の説明から、目的論が排除され、運動を理解するためにはいわゆる機械論的な、そして因果的な説明(「理由」ではなく「原因」による説明)で十分であることがわかりました。この機械論的な説明原理は、物体の運動という現象に関しては、現代の私たちの常識にも合致しているといってよいでしょう。例えば、雪崩が自然に起きたりする場合に、雪のかたまりが何かの(原因ではなく)「理由」や訳があって落下し始めたのだ、と考える人は現在ではあまりいないでしょう。また、ニュートンの運動法則の別の特徴として、現在、過去、未来のどの時点も特別扱いしないタイプの「絶対時間」が記述に用いられているということが挙げられます。この古典力学の法則の記述に絶対時間が登場するという点を哲学者のイマヌエル・カントは真剣に受け止め、自然科学の法則を記述する際に用いられる時間や空間は、物自体の性質ではなく、人間がもつ「直観」という洞察力によるものだと考えました。

近代政治学の始祖であるトマス・ホッブスは、著作『リヴァイアサン』において人間の心の働きを分析することから始めます。そこでホッブスが分析の結果たどり着き、提唱したアイデアは、「人間は未来において起こりうる出来事たちを列挙してそれらの価値を判断してから行為選択を行うという合理性をもっているが、その際の判断などに用いられる精神の働きは、機械的な足し算と引き算が非常に多くの回数繰り返されたものにすぎない」というものでした。ホッブスは同時代のガリレイが発見し、後にニュートンが第一法則として定式化する「慣性の法則」に感銘を受け、その考えを人間にも適用し、未来(という将来の時間)に起こる出来事を想定して合理的に行動している人間の心の働きを機械論的に説明しようとしたのです。この点は、次項の近代における意志の考察のところでまた解説します。

ニュートンによる古典力学においては、過去・現在・未来を区別しないような「時間」が登場していますが、このことは、振り子(という、その運動がニュートンの古典力学で記述できるもの)が振動している動画を、時間を反転させて再生しても、特に不自然な運動には見えないということに現れています。しかし、私たちが経験する出来事のなかには、時間の進む向きを反転させると不自然な現象となってしまうものがあります。例えば、水が入ったコップにインクを一滴たらすと、時間の経過につれてだんだんインクの色が薄まっていきますが、反対にいったんインクが薄まってしまったコップの中で、インクが一点に集まっていくという(時間の進行方向を逆転させた)現象は不自然です。また、室温より高温の熱湯は部屋においておくと時間の経過とともにだんだん冷めていきますし、室温より低温のアイスコーヒーは時間とともにだんだんぬるくなっていきます。これらの現象においては、過去へ向かう時間の方向と、未来へ向かう時間の方向が(自然によって)区別されているように考えられますので、ニュートン力学が想定する時間の性質からは、説明が難しそうに思えます。しかし、一九世紀に入ってから、サディ・カルノー、ルドルフ・クラウジウス、エミール・クラペイロン、ピエール・デュエムらにより発展させられた熱力学や、ルートヴィッヒ・ボルツマンらによって発展させられた統計力学といった学問により、ニュートン力学と矛盾しないかたちで、このような過去と現在の区別が存在する現象も「エントロピー増大の法則」によって説明されることになりました。

近代における意志に関する考察

近代において、人間の精神に関する考察の礎を築いたのは、ルネ・デカルトです。デカルトは、明晰判明とみなせるようなことだけを受け入れて、それらの事柄から引き出せることだけを真理として認めるという「方法的懐疑」によって近代哲学の始祖となりました。デカルトは、その考察により、自我や自由意志が存在することを真理として受け入れることになりました。一方、デカルトは自然現象の説明に関しては機械論的な説明を行うことが正しいと考えました。その結果として、デカルトは、人間の身体や情念に関する事柄については機械論的な説明を行うことが正しいが、人間の精神に関しては、機械論的な説明ができないと考えました。つまり、デカルトは人間の精神活動や意志においては、因果的な自然法則が働かないと考えたということができます。この考えは、心が脳の働きであると仮定すると、ニュートン力学と矛盾してしまう考え方です。なぜなら、脳を構成する要素がニュートン力学にしたがっているとすると、脳がどのように働くかということが、ニュートンの運動法則によって、因果的に決定されてしまっていることになります。さらに心が脳の働きのことであるとすれば、心がどのように働くかということまで、ニュートンの法則によって定まってしまっていることになるからです。デカルトは機械論と自由意志の存在を矛盾なく両立させるために、身体や脳を含む物の世界と、精神(心)の世界は別々の世界であるという「心身二元論」を提唱しました。

しかし、心身二元論にもやはりニュートン力学と矛盾してしまうという問題が生じます。もし私たちの物的ではない心が、腕という物体の運動をひきおこすとしたら、その腕の運動の開始は、ニュートンの運動法則によって記述することができないということになるので、物の世界にも、ニュートンの古典力学が適用できない例が存在するということになってしまうのです。このような、機械論と自由意志の存在が矛盾してしまうという問題点を避けるため、ホッブスは、人間に存在する自由意志は、自然法則と矛盾せずに生じる欲求を満たす心の働きであり、自由意志に基づいた理性的人間の行動は、欲求によって必然的な選択をするという意味で、決定論的であると考えました。このような、必然的な選択をさせる自由意志のことを、(決定論と両立するということから)「両立主義的な自由意志」と呼びます。このように自由意志を捉えることで、多くの自然現象と同じように、機械論的な説明によって人間の自由意志を解明することができるとホッブスは考えたのです。ホッブスは著作『リヴァイアサン』の中で、「川の水が下流へと流れることは、その水が障害物に妨げられていないという意味で自由であると同時に必然的である」ことを指摘しています。このような種類の自由意志は、理性に基づいて欲求を最大限満足させるように、未来の出来事を想定し、なるべく欲求の対象が多く入手できるような選択を人間にさせるという、後の経済学における「効用」の理論に近い考えをホッブスは述べています。このような自由意志に基づいた理性的選択を行う人々から構成される人間集団は、そのままではお互いの利害が衝突し、争いが絶えないという予期のもと、社会を形成することのない、利害に基づいてまとまった各小集団の集まりに留まってしまう(この人間集団の状態を「自然状態」とホッブスは名づけた)ため、人々の人生は「つらく、残酷で短い」ものとなってしまうという問題が、自由意志をもった人間には見通されると考えられます。そのような「自然状態」からもっと秩序のある状態へ移行するには、人々の間で(例えば国王などの)権力者に自由の行使をゆだねてしまうことに、理性的な人々は(彼らの自由意志に基づいて)合意するだろうとホッブスは考えました。このような合意に基づいた権力の統治下にある(もはや各小集団の集まりに分裂していない)人間集団を「社会」と呼びます。ホッブスは(決定論的な)自由意志をもった人々の合意によって誕生した権力には正当性があると考えました。この考えが、「国王の権力は神聖なものであるから正統である」と考える「王権神授説」には頼らずに正当な権力のあり方を考える「社会契約説」の起源となり、近代以降の民主制を考える端緒となりました。経済学の始祖であるアダム・スミスは、著書『道徳感情論』において「ホッブス氏の意図は、国王の絶対的な権力を正当化するためというよりはむしろ、教会的権力を市民的権力に移譲することにあった」と、ホッブスの学説の近代的な解釈をしています。

このように、意志を機械論的な自然法則の理解と似たような考え方で理解することができそうだという発想のもと、ジェレミー・ベンサムなどは、人間の行動は快・不快原則で説明できるという「効用」主義の考え方を主張しました。この考えによると、人間にはより快い状態になるような選択を行い、より不快になるような選択を避けるという傾向があるということになります。このことを、効用主義者でもあったデイヴィッド・ヒュームは「理性は感情の奴隷である」と表現しました。さらに「快いことは善い(望ましい)ことである」という仮定を付け加えると、より望ましい社会の状態とは、より多くの人がより大きな快さ(幸福)を感じている社会状態であるという考えにたどり着きます。この考えが「功利主義」と呼ばれる考え方です。功利主義においては、人々の「幸福の向上」が望ましいものであるとみなされる一方、「自由」の方は(どうせ必然であるので)それほど望ましいものとみなされないという側面もあります。一方、後の哲学者カントは、自由意志に関する考察をさらに進め、自然法則に従いながらも自由意志に基づいて(動物的な)欲求によらない能動的な選択をすることが道徳的選択であると考え、物的世界の機械論を離れた自由意志の概念を復活させました。以上、この節で見てきたことを考え合わせると、意志というものの捉え方によって、望ましい社会のあり方も影響されるということがわかります。そしてさらに時代が下ると、意志の問題は、哲学だけではなく、経済学や心理学によって、また現代においては神経科学や進化学などの生命科学の分野においても研究されるようになってきました。

二　経済学における意思決定と時間

経済学はアダム・スミスによって『諸国民の富』が執筆されたことにより発展し始めたと考えられています。古代ギリシャにおいてもすでに開花していた哲学や政治学、数学といった分野とは異なり、経済学は近代になってから発展してきたという点に特徴があります。古代ギリシャにおいては、人間の形成する組織のうち、「国家」に関する考察が盛んに行われました(プラトンの主著作が『国家』であることがそのよい例です)が、「社会」に関する考察はそれほどなされなかったという見方もできます。アダム・スミスは、主に利己心によって行動する人々からなる「市場」という社会形態において、どのようにして交換による資本の発展が生じるかという問題を論じました。また、アダム・スミスは、『道徳感情論』において、人々が生活するなかでどのように社会化が進み、感情の形成や発達が起きるかということを、社会慣習による道徳や正義概念の形成とともに論じました。その後、経済学は、一九世紀後半になると、効用主義や功利主義に基づいた「新古典派経済学」が発展し、社会に存在する階級間の対立を扱う「マルクス主義経済学」などが生まれました。

「新古典派経済学」においては、効用分析の方法に近代科学の発展とともに研究が進んだ数学的な手法が導入され、現代における経済学以外の社会科学・自然科学（政治学・社会学や認知科学、生物学など）との交流が進んでいます。本稿では、主に新古典派経済学における時間に関する意思決定の考え方が、最近の神経経済学の発展によってどのように変化しつつあるかという点を中心に解説します。新古典派経済学や心理学における意思決定科学においては、カントが想定したような「意志」を通常の科学的分析の俎上に載せることが困難である可能性も考慮し、人間の選択を「意思決定」（英語では decision making と呼ぶので「決心」と訳した方がよいかもしれません。このように訳すと、やや決定論的な見方で心を捉えていることがはっきりすると思います）と捉えて、決定論的・機械論的な見方と齟齬をきたしにくいように注意しているところにも、ホッブスの影響がみられるといってよいでしょう。

効用という考え方

現代においては、標準的な経済学では意思決定が合理的に行われることを仮定する場合が多いです。経済学における合理性とは、「なんらかの明確な目的を、制約条件に従いつつ、最適に達成する」ことを指しています（奥野・鈴村一九八五）。また、ある目的を達成する場合の合理性という概念は、「目的それ自身の内容とはとりわけ関わっていない」（奥野・鈴村前掲書）という点にも注意が必要です。この、目的そのものがどういったものであるかということが、合理的な意思決定であるかどうかと関係しない(つまり、傍から見ると大変奇妙な目的のために行っている行動が合理的であるという場合もある)、という点が、アリストテレスの倫理学における徳の位置づけ(「幸福や快楽が人間の目的であり、徳はそれらを達成する手段に関する規準である」という第一節の「古代における意志に関する考察」で紹介した考え方)と類似していることも注目に値します。この合理的意思決定のとらえ方には、徳における規範には、主として合理性に関わるものがあるという古代アリストテレスの倫理学に近い考え方が経済学のなかにも見られるからです。また、経済学における合理性の概念が目的論的に定義されている(したがって、経済学における合理性概念は、機械論とのなじみがあまりよくない)点にも、アリストテレスの考え方との類似性が見出されます(徳と合理性との結びつきが最も顕著に現れる経済学的な意思決定の例が、次の項で後述する「異時点間選択」における「時間割引」です)。

このように想定された合理的な人が最適化する対象のことを、経済学では「効用」と呼びます。通常の物品やサービス(経済学では「財」と呼びます)から得られる効用は、それらの物品やサービスが多ければ多いほど大きいです(つまり、合理的な人は通常はなるべく多くの物品やサービスを、予算の制約のなかで入手するという目的をもつ、ということです)ので、効用を表現する関数を物品やサービスの量で微分すると、正の値となります。しかし、ある特定の一種類の財から得られる効用は、その財を多く消費すればするほど、増えにくくなると考えられます。つまり、効用関数をある特定の財の量で二回微分して得られる値は負です(このことを、「限界効用逓減の法則」と呼

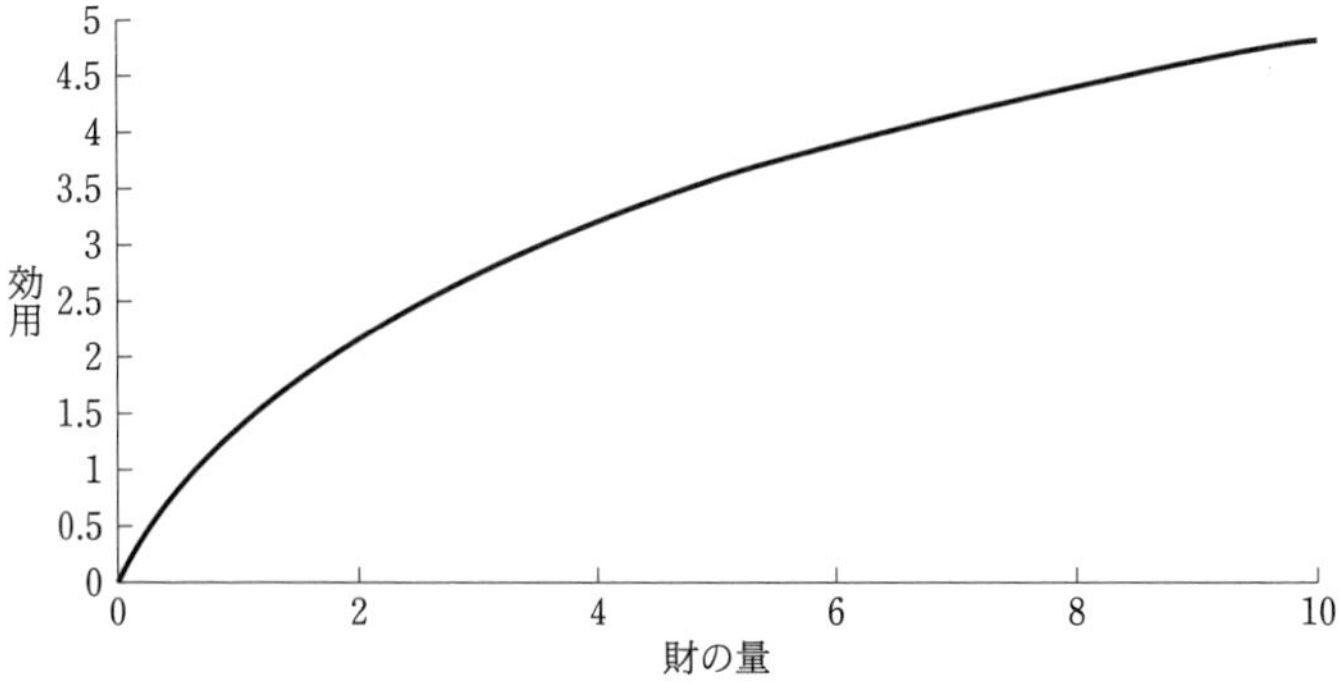

図3-1　効用関数の形状

注）財の量が増えるにしたがって効用は増えますが，だんだん増えにくくなります（限界効用逓減の法則）。

びます）。代表的な効用関数の形状を図3-1に示します。

異時点間選択

古代においてアリストテレスが取り上げた目的論に基づいた合理性や、近代においてホッブスが想定した人間の理性に最も関連する選択行動の一つが、ここで説明する「異時点間選択」です。異時点間選択とは、例えば一週間後に食べられる（それほどおいしくない）コッペパン一個と、一か月後に食べられる高級なフランス料理一食という選択肢のうちどちらを選ぶか、というような、未来の異なる（二つ以上の）時点で消費できる（二つ以上の）財の間の選択のことです。この異時点間選択の例においては、意思決定をした後に得られる未来の報酬（例えば一か月後のフランス料理）が、その意思決定をする（つまり一か月待つことにする）ことの（原因ではなく）「理由」となっています。言い換え

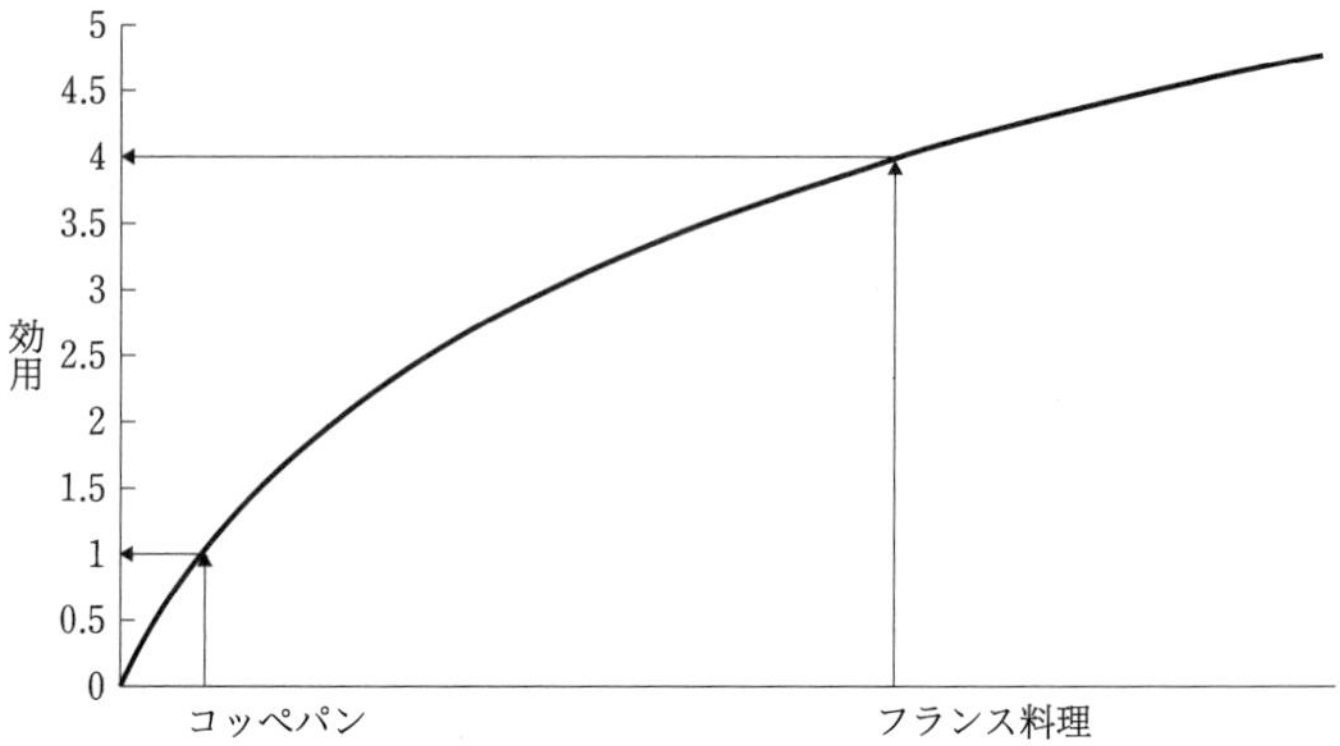

図3-2　コッペパンの効用が1で，フランス料理の効用が4である場合

れば、「現在」という時間的に先行する時点で起きる意思決定の説明を、その意思決定よりも時間的に後の「未来」に生じる報酬によって行うので、「一か月待とう」という意思決定がどうして行われたかを(その意思決定より以前に生じた何らかの未知の)「原因」によって説明するよりは、(フランス料理を食べようとしているから、という)「理由」によって説明する方が(さしあたっては)簡単だということです。経済学においては、コッペパンやフランス料理を食べた場合に、食べたそのときにそれらから得られる効用は時点によらず一定であると考えます。コッペパンとフランス料理の時間によらない効用の一例を、図3-2に記します。それらの効用が、未来に先延ばしされるほど小さくなると考え、効用が「時間割引」される、などと表現します。

しかし、今の例で、一か月も待ってからフランス料理を食べるよりは、来週一個のコッペパンを食べたいという場合もあるでしょう。このような場合には、経済学において

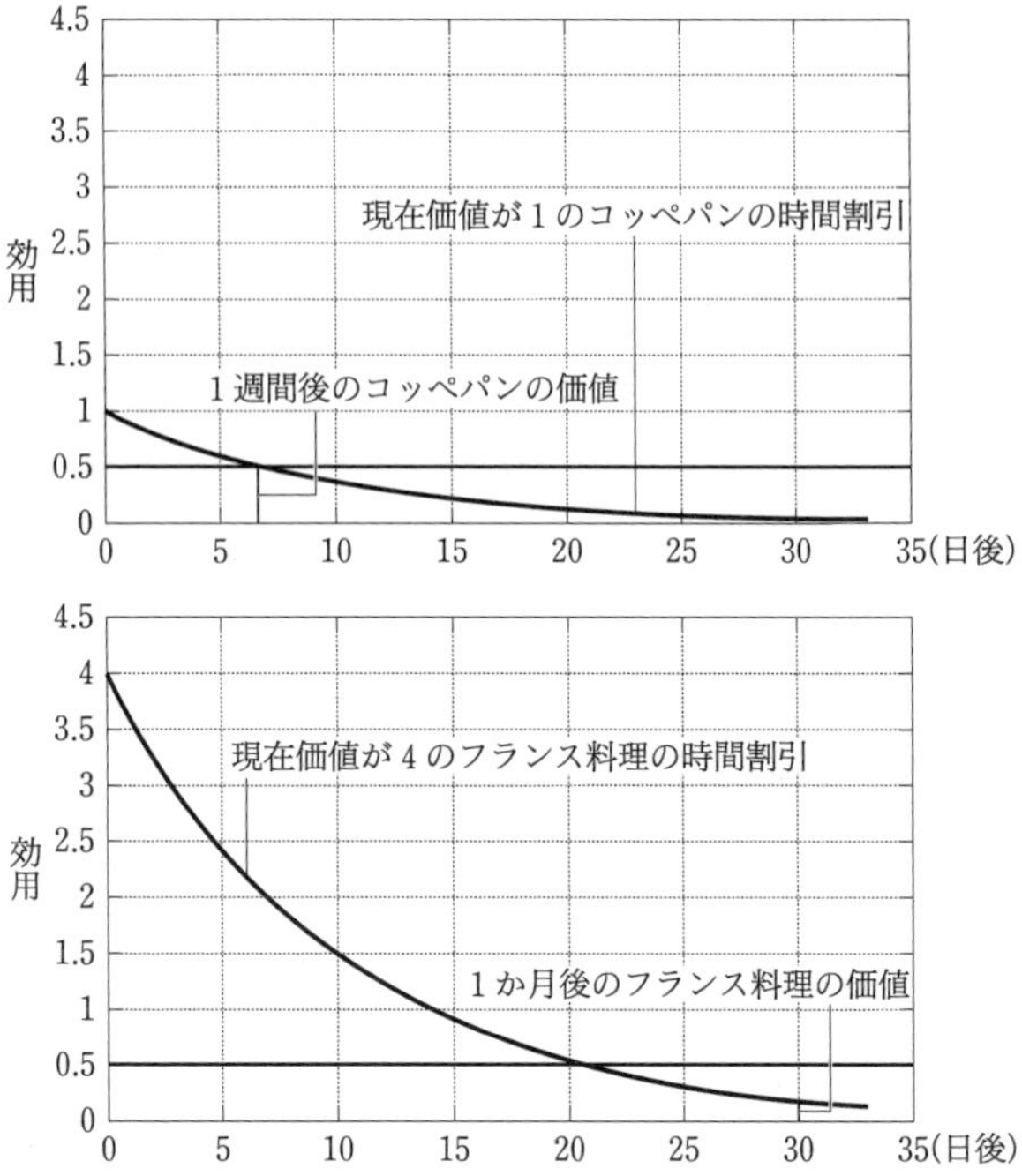

図 3-3　コッペパンとフランス料理の効用の時間割引

注）フランス料理の効用が時間割引されて，1 か月後(30 日後)には，1 週間後(7 日後)のコッペパンの効用よりも小さくなってしまっていることを示します。

は、一か月後に先延ばしされた「フランス料理の効用」が時間割引されたせいだと考えます。例えば、効用が一週間先延ばしされると、半分になってしまう合理的な人を考えましょう（ここでの「合理的」の意味は後述します）。今の場合、一週間後に先延ばしされたコッペパンの効用は、一というコッペパンの現在効用に〇・五を一回だけかけたもの、つまり〇・五です。一方、フランス料理は一か月（四週間）先延ばしされているので、四というフランス料理の現在効用に、〇・五を四回かけたもの（＝〇・二五）が、一か月先延ばしされた「フランス料理の効用」の時間割引後の効用となります。すると、この人は、〇・五と〇・二五という二つの「時間割引された効用たち」を比較して大きな方である〇・五に対応する「一週間後のコッペパン一個」を選択し、フランス料理を食べるために一か月も待つということをしないことになります。この人の時間割引された効用の例を図3-3に示します。

ここで挙げた例のような時間割引を行う人は、新古典派経済学においては、合理的な選択をしている、、、、、、、、とみなされます。この場合の「合理的」とはいったいどういう意味なのだろうかという疑問が感じられると思います。今の例にある異時点間選択をする人は、コッペパンまたはフランス料理が食べられるまでに、どちらにも共通する同じ遅延時間だけ待たされた場合には、その共通した遅延時間がどのような長さであっても（現在目の前にあるコッペパンとフランス料理を比較してフランス料理を選ぶのと同様に）フランス料理の方を選びます。このことは、一と四とに、〇・五を同じ回数だけ何回かけても、それらの結果の大小関係が反転しないということから考えるとわかります。

このように、

> 二つの選択肢のうちどちらを選ぶか、ということが、それら二つの選択肢双方をどんな同じ長さの遅延時間だけ遅らせても変わらない

場合に、その異時点間選択は合理的である、と新古典派経済学では定義します。また、このような異時点間選択は「時間整合的」であるという言い方をすることもあります。また、この場合の時間割引曲線は、数学的には「指数関数」で表すことができますので、このような合理的な時間割引は「指数割引」と呼ばれます。私たちがよく利用する普通預金口座の利息による残高の増え方は、「連続複利」と呼ばれる計算方法に基づいており、私たちが「指数割引」による異時点間選択をしているという仮定をした預金制度になっています。

それでは、実際に人々は、「指数割引」という合理的な異時点間選択をするのでしょうか。次の選択問題一を考えてみましょう。

選択問題一　次の二つの選択肢から一つだけを選んで下さい。

①十年と半年後にもらえる一万千円

②十年後にもらえる一万円

この選択問題一では、多くの人が、①の選択肢（長く待ってもらえる大きな報酬）を選ぶのではないでしょうか。そこで次の選択肢を考えてみましょう。

選択問題二　次の二つの選択肢から一つだけを選んで下さい。
①半年後にもらえる一万千円
②今日もらえる一万円

今度の選択問題二では、多くの人は、②の選択肢（なるべく早くもらえる小さな報酬）の方を選びたくなるのではないでしょうか。このような選択の組み合わせをする人（選択問題一では①の選択肢を選び、選択問題二では②の選択肢を選ぶという選び方の組み合わせをする人）は、新古典派経済学が仮定しているような合理的な意思決定を行っていません。どうしてそのように考えられるか疑問に思う人は、選択問題二にある二つの選択肢両方に、十年という遅延時間を加えてみて下さい。すると、実は選択問題一は、選択問題二にある選択肢両方をさらに十年間先延ばしにした問題であることに気がつくでしょう。ですから、選択問題一で①を選んだ人は、もし選択問題二で②を選んだとすると、「時間整合性」がないという意味で合理的でない意思決定をしていることになるのです。この点に関する詳しい解説は、読書案内に挙げた、「ニューロエコノミックスの新展開――心理物理学的神経経済学――」（高橋泰城）に、経済学や心理学、脳科学との関連から詳しく解説されています。

この例のように、二つの選択肢がどちらも遠い将来にある時には「待たないともらえない大きな報酬」を選ぶにもかかわらず、その選択肢の組が現在に近づいてくると（大きな報酬を待とうという当初の予定を反故にしてしまって)「待たなくてももらえる小さな報酬」に誘惑されてしまう人は、遠大な目標や高邁な理想に基づいた計画を立てたとしても、実行する段になると、それらの目標や理想とはかけ離れた衝動的な行動に流されてしまうという意味で、ホッブスが想定していたような意味での「自由意志」(欲求によって決定づけられた行動を為すことができる能力)さえもっていないかのような振る舞いをしてしまうことになるわけです。また、異時点間選択における時間整合性がない選択行動は、古代のアリストテレスが考察した「アクラシア問題」の恰好の実例であるといってよいでしょう。なぜなら、こういう行動をしている人が、将来達成しようとしている目的が、いかに奇妙なものであっても、その事実だけでは、アリストテレスはその人を「徳が欠如している」と判断しないはずですが、時間整合性を欠いているせいで、(その奇妙な)目標を達成する方法がないということであれば、アリストテレスもその人を有徳な人とみなすことはできないからです(アリストテレスにおいては、徳というものは目的というよりも、むしろそれを達成する手段・方法に関する規準であったことをここで思い出して下さい)。したがって、アリストテレスやホッブスの思想の影響が強い新古典派経済学の考え方において、このような「時間整合性がない」異時点間選択が「よくないこと」とみなされるのも当然でしょう。この議論からわかるように、選択問題一においても、選択問題二においてもどちらの問題でも②の選択肢(より早くもらえるより小さな報酬)を選ぶ人の異時点間選択には時間的整合性があるので、新古典派経済学では、このような人も合理的な人であるとみなします。

このような実際の人々の時間整合性がない時間割引は、数学的には、反比例のグラフに似た「双曲関数」で表されるため、「双曲割引」と呼ばれることがあります。経済学的に合理的な「指数割引」とそうではないけれども多くの人が行う「双曲割引」とを比較したグラフを図3-4に示します。このグラフを眺めてみると、双曲割引は、指数割引と比べて、近未来における時間割引が強く(速く価値が減りやすい)、遠未来における時間割引が弱い(時間が経過しても価値がなかなか減らない)という傾向が見てとれるでしょう。

このような双曲割引を、ごく普通の人々がどうして行うか、筆者はその説明を心理物理学と呼ばれる、外界からの刺激の入力の物理的強度と、それに対する心理的反応の強さの関係を調べる分野の法則を、神経科学の知見と組み合わせた理論によって提案しました。

簡単に説明すると、私たちの時間の認識は、遠い将来にある時間間隔を短く感じ、また近い将来にある時間間隔を長く感じるという性質をもっており、このことが原因となって、遠い将来にある選択問題一では①の選択肢(より遅い大きな報酬)を選ぶけれど、近い未来にある選択問題二では②の選択肢(より早い小さな報酬)を選んでしまう、ということです。現在ではその説明は受け入れられつつあります(詳しくは、高橋二〇一三を参照して下さい)。

私たちの異時点間選択には、さらに面白い特徴があります。それは、過去に向かっても時間割引が起きるということです(図3-5参照)。このことは、時間の進む向きを、未来方向にしても過去方向にしても違いがないというニュートンの運動法則における時間の性質と似たような性質を、私た

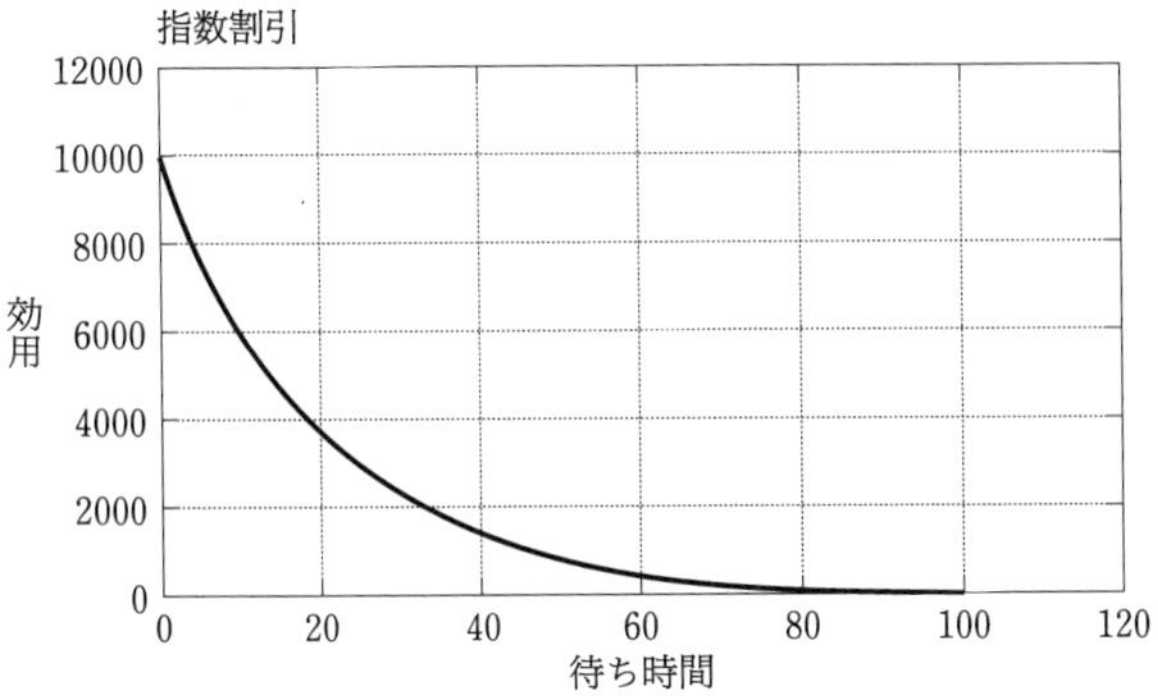

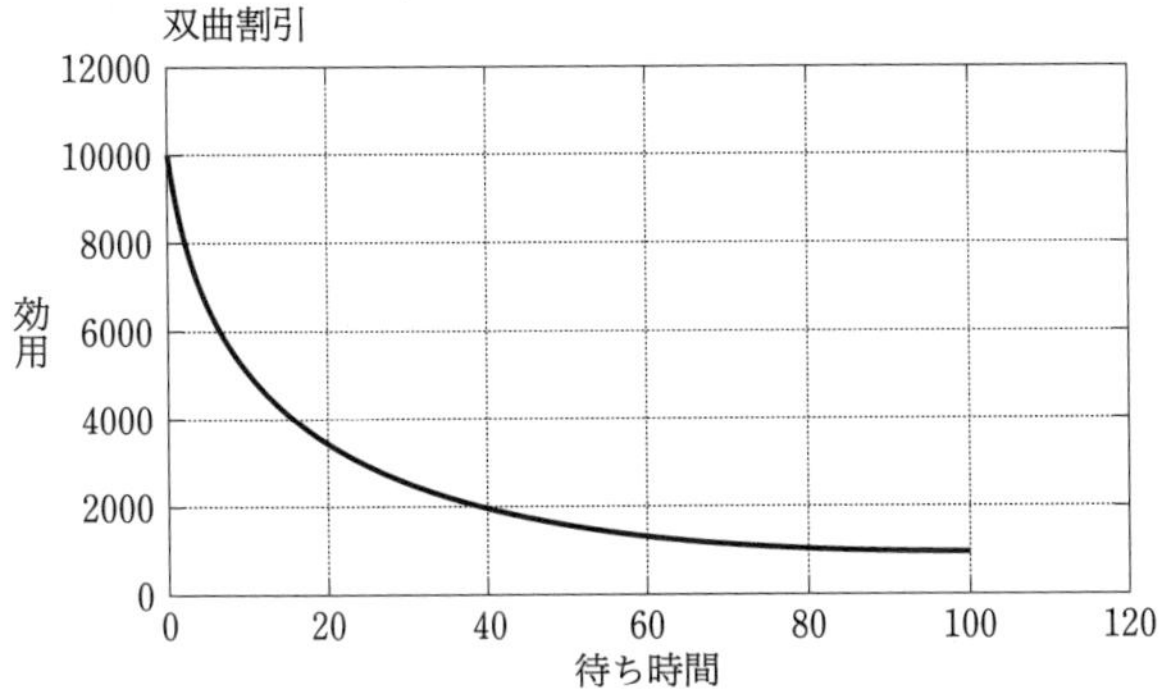

図 3-4　指数割引と双曲割引の比較

注）縦軸は時間割引された効用，横軸は報酬までの待ち時間。双曲割引は，指数割引と比較して，近未来での時間割引が強く，遠未来での時間割引が弱いため，「アクラシア問題」が生じます。

ちが異時点間選択の際に用いている心理的な時間がもっていることを意味します。

例えば、「一年前に食べてしまったフランス料理」の効用よりも「先週食べたフランス料理の効用」の方が大きい、ということです。このことは、新古典派経済学が仮定する合理性を満たしません。なぜなら、今の二つの選択肢両方に一年という遅延時間を加えると、「今食べるフランス料理」と「(一年マイナス一週間)後に食べるフランス料理」との比較となりますが、この場合には、前者の方の効用の方が大きい(にもかかわらず「一年」を加える前は後者の効用の方が高い)ので、新古典派経済学における合理的な異時点間選択の規準すなわち「二つの選択肢両方にどんな同じ遅延時間を加えても選好の順序が逆転しない」に反するからです。ちなみに、新古典派経済学の合理性規準を満たす時間割引は、図3-6のようになります。

新古典派経済学において想定されている時間割引のグラフを見ると、次のことに気がつくでしょう。一つ目は、過去へ向かう時間の向きには、「時間割増」が起きている(グラフの左へ向かうほど価値が大きい)ことです。このことは、新古典派経済学においては、時間の進む向きが過去方向と未来方向とで、異なる扱いをされているということです。つまりこの点では、新古典派経済学における時間は、ニュートンの運動法則に現れる物理時間よりは、熱力学に現れる物理時間に類似した特性をもっています。二つ目は、現在という時点では時間割引の曲線に何の特徴もないことです。この点は、新古典派経済学で想定されている「時間」はちょうどニュートンの古典力学における時間と同じように、現在という時点には何の特徴もないという性質の時間が想定されているとみなす

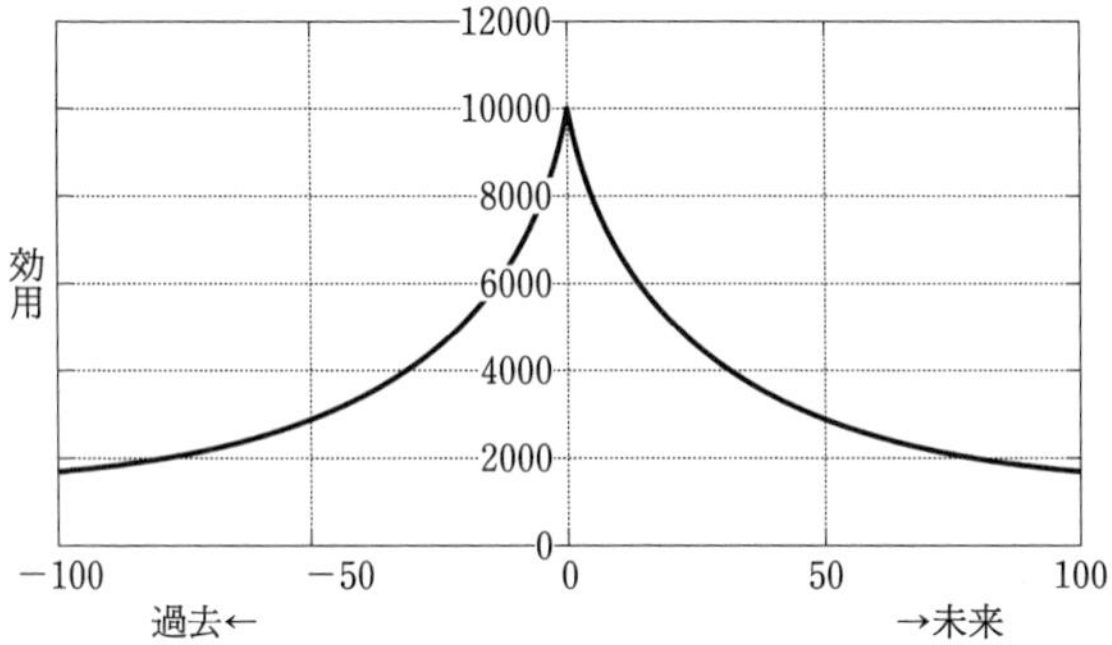

図 3-5　過去と未来への時間割引

注）私たちの実際の時間割引は過去への時間の向きにも起きてしまいます。

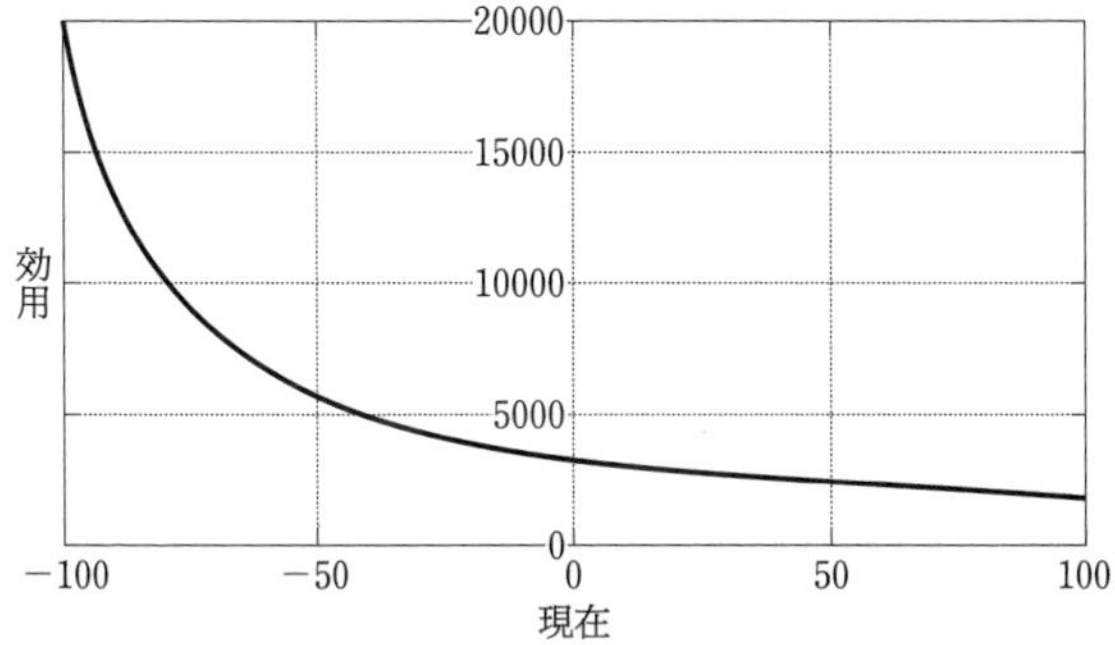

図 3-6　新古典派経済学における過去から未来方向への時間割引

注）新古典派経済学において想定されている時間割引は，過去から未来へ向かう方向に起こり，現在から過去に向かう時間方向では時間とともに価値の割り増しが起こるはずです。

ことができます。

三　生物学における意思決定と時間

近年では、経済学的な意思決定が、どのように私たちの脳の中で情報処理されているかという問題を研究する「神経経済学(ニューロエコノミックス)」や、生物進化の研究から得られた知見によって私たちの心を理解しようという「進化心理学」の分野においても、意思決定と時間の関連の研究が進められています。神経経済学においては、私たちが意思決定を行っている際の心の働きを支える脳神経系の仕組みを中心に研究する一方、進化心理学においては、私たちが行う意思決定の仕方が、どのような自然淘汰による進化に由来するか、という問題を中心に研究を行います。進化生物学においては、ここでの前者のような「仕組み(機構)」を「至近(近接)因」、また、後者のような「淘汰要因」を「究極因」と呼んで、概念的に異なる種類の因果関係であると考えます。本稿では、生物学において意思決定研究を行う二つの分野である神経経済学と進化心理学のうち、主に前者について解説します。

生物学(現在では生命科学と呼ばれることも多いです)は、一九世紀にチャールズ・ダーウィンによる進化論やグレゴール・メンデルの遺伝法則、またルイ・パスツールによる生化学(生命現象を化学的に研究する分野)の研究を基盤として、一七世紀にアイザック・ニュートンが古典力学を完成した物理学や、同じく一六世紀にコーク伯爵の息子であったロバート・ボイルが『懐疑の化学者』を出版して確立した近代的化学などの物質科学よりやや遅くなってから発展をし始めた自然科学の分野です。生物学における意思決定研究は、それまで経済学や心に関する哲学的考察によって進められてきた人間の意思決定の研究に、生命科学の研究手法を取り入れて発展しつつある研究分野である、ということもできるでしょう。

脳における意思決定と時間

意思決定における脳の働きの研究は、神経経済学が発展する以前より、知覚や記憶・学習を支える脳の仕組みの研究などと同様に研究が行われてきました。例えば、ベンジャミン・リベットは、一九八〇年代に、人間が意図的に手指を動かすという決定をする際に、本人がその意思決定をしたことに気づくより前に、脳の運動に関係する領野においてその動きを準備する電気活動が生じていることを報告しました。このことは、人間には普通の意味での「自由意志」が存在しないことを意味するのではないか、などと議論され、現在でも意思決定のタイミングとそれを決める神経活動の研究が進められています。ここで紹介したリベットの実験においては、どのタイミングで手指を動かしたとしても、そのタイミングによって得られる報酬が異なるわけではないので、いつ運動を開始するかという意思決定には、(何らかの原因は存在しているとしても)経済学的な意思決定の場合に存在するような合理的な「理由」はそもそも存在しないと考えられます。それでは、「理由」に基づいた意思決定の代表例である、未来の報酬に関する「異時点間選択」を支える脳の仕組みはどうなっているのでしょうか。この問題に関しては、二〇〇〇年代中盤以降に多くの研究が行われてきました。それらの結果を総合すると、受領できるまでの遅延によって時間割引された報酬の主観的価値は、脳の報酬系と呼ばれる領域(例えば眼窩前頭皮質や線条体など)の神経活動の大きさに対応しているのではないかと考えることができます。しかし、異時点間選択を行っている際に用いられている心理的な時間が、脳のどの部分の神経活動によって処理されているのかは、現時点では不明であり、今後の研究が必要です。

神経経済学における多くの研究の結果は、私たちが行う意思決定の際に、その決定から得られる報酬の主観的価値に対応した脳活動が生じることを示しています。このことは、「報酬に対する欲求」という「感情」が意思決定を駆動しているという意味で、功利主義者であるベンサムやヒュームが考えたように、「理性は感情の奴隷である」ことを神経科学の手法を用いて示しているといってよいのかもしれません。この見方は、ホッブス的な意味での自由意志の概念が神経経済学によって基礎づけられつつあると考える神経科学者たちに支持されています。しかし、その一方、功利主義的ではないタイプのカント的な倫理判断をしている際の脳活動の研究も進められているので、将来的には、「自然法則に従いながらも、能動的に自分の行動を選択する」というカント的な自由意志の仕組みが脳の中で見つかるかもしれません。

意思決定や生物心理時間を支える生体分子

二〇世紀半ばに、ジェームズ・ワトソンとフランシス・クリックらにより、古来より不明だった遺伝子の実体が、デオキシリボ核酸（ＤＮＡ）という長い分子であるということが解明されたため、ダーウィンの進化論の物質基盤が特定された結果、生命科学の飛躍的発展につながりました。現在では、生物進化を考えるうえでも、遺伝子に関する分子論的解析を行うことが普通です。このように、現代生命科学において、分子レベルの研究が通常行われるようになったということは、分裂を繰り返す細胞（という分子の集合体であり、分子レベルより組織化された階層の構造）によって構成されているということが、ほぼすべての生物にとって共通する性質であるということを考えると、一見不思議な感じがするでしょう。しかし、生物の顕著な特徴の一つが、遺伝や進化をすることである、という点を考慮すると、遺伝子という分子のレベルにおいて生命の問題を考えるということが、逆に当然であるという見方もできます。なぜなら、多くの場合、よい科学理論を発展させるためには、着目している現象がたとえ移ろいやすいものであったとしても、その現象の着目していない背後に何か不変の実体が存在することを想定した仮説に基づいた研究を進めることが重要だからです。例えば物質の性質が反応によって移り変わるという現象を研究する分野である化学においても、そういった化学反応によって移ろいゆく物質の性質の背後に、目に見えないけれども化学反応をいくら繰り返しても変わることのない「原子」の存在を想定した原子論が成功を収めました。このことを考えると、移ろいやすい私たち人間の欲求や意思というものを考えるうえでも、まず第一歩としては、移ろわない実体に基礎を置いた探究をすることが大切であるということを示唆します。そのような実体として、最近では脳内に存在する神経情報伝達を担う分子に着目して意思決定の研究を行うということが、二〇〇〇年代後半くらいから多くなってきています。例えば、ドーパミンという神経細胞同士の情報伝達を行う分子は、報酬の情報を神経細胞間で伝達する役割や、心理時間を調節する役割があるということが知られており、異時点間選択における脳内情報処理を担う分子として重要であるということもわかってきています。

おわりに

本稿で紹介してきましたように、古代から現代に至るまで、私たちは意思決定や時間について考えを巡らせ続けています。未来の時間に存在する選択結果を評価し、現在の時点における行為を決定するという異時点間選択は、一見すると「理由による説明」がふさわしいようにも思えますが、現代における神経経済学の研究によって、「原因による説明」の探究も進み始めています。しかし、古代にアリスタルコスによって提唱された地動説が近現代の天文学や物理学によって正しいものであることが判明したり、古代の原子論者たちの仮説が近代化学によって復活したり、また古代のアナクシマンドロスによって提唱された進化の仮説が、ダーウィン以降の進化生物学によって復活したりというようなかたちで、意思決定と時間の関係の理解が、この二千年で劇的に進歩したというわけでは今のところありません。二〇世紀前半の物理学に起きた革命の一つである量子論の形成において重要な役割を果たしたエルヴィン・シュレーディンガーはその著作「生命とは何か」において、生物の遺伝や進化の謎は、量子力学によって説明される長い生体分子の安定性によって説明が可能になるであろうが、精神のもつカント的な自由意志に基づいた選択能力に関しては、それを説明することは科学の範疇を超えてしまうのではないかとまで述べました。しかし、二〇世紀後半以降に発展した生命科学の研究手法や、行動経済学の理論の進展により、将来的には、意思決定における神経活動の働きが解明されていくことが期待されます。

読書案内

アリストテレス(高田三郎訳)『ニコマコス倫理学』上・下(岩波文庫、一九七一年、一九七三年)
奥野正寛・鈴村興太郎『ミクロ経済学Ⅰ』(岩波書店、一九八五年)
カント(篠田英雄訳)『純粋理性批判』上・中・下(岩波文庫、一九六一年、一九六二年)
シュレーディンガー(岡小天・鎮目恭夫訳)『生命とは何か――物理的にみた生細胞』(岩波文庫、二〇〇八年)
アダム・スミス(水田洋訳)『道徳感情論』上・下(岩波文庫、二〇〇三年)
アダム・スミス(大内兵衛訳)『諸国民の富』(岩波文庫、一九五九年)
高橋泰城「ニューロエコノミックスの新展開――心理物理学的神経経済学――」『組織科学』四七巻四号、二〇一四年、二三―三四頁
ドナルド・デイヴィドソン(金杉武司・塩野直之・鈴木貴之・信原幸弘訳)『合理性の諸問題』(春秋社、二〇〇七年)
藤原邦男『物理学序論としての力学(基礎物理学1)』(東京大学出版会、一九八四年)
トマス・ホッブス(水田洋訳)『リヴァイアサン』一―四(岩波文庫、一九八二―一九九二年)

ジャック・モノー（渡辺格・村上光彦訳）『偶然と必然――現代生物学の思想的問いかけ』（みすず書房、一九七二年）
バートランド・ラッセル（市井三郎訳）『西洋哲学史』一―三（みすず書房、一九七〇年）

第四章　比喩表現からみた〈時間〉

野村益寛

はじめに

〈時間〉とは何か？　古来様々な哲学者や科学者によって論じられてきたこの問題に真正面から取り組む代わりに、本稿では「私たちは〈時間〉をどのように捉えているのか？」を問題にしたいと思います。そのために有効なのは、私たちがどのような言葉を使って〈時間〉について語っているかを観察することです。〈時間〉は、本来、目に見えない抽象的な存在であり、そうした存在について語る際に用いられる手段が比喩表現と呼ばれるものです。本稿は、時間について語るのに用いられる比喩表現を日本語・英語を対象にして分析することによって、〈時間〉がどのように捉えられているかを考察することにします。以下、第一節では、比喩が単なる言葉の問題でなく、認識や行動にも関わる問題であるとする認知言語学と呼ばれる分野の知見を紹介します。第二節では、時間を表す比喩表現を分析することで、日本語・英語における〈時間〉の捉え方を明らかにし、第三節では、第二節で分析した時間の比喩表現がどのような経験的基盤に由来するのかを考えます。第四節では、時間の比喩が私たちの思考、行動、文化にどのような影響を及ぼしているかについて考察し、第五節でこれまでの議論をまとめることにします。

一　メタファーと認識

一般に、比喩というと、単なることばの飾りや詩的表現であると思っている人が多いのではないでしょうか。確かに、シェイクスピアの『マクベス』に出てくる有名な台詞「人生は歩く影法師」(Life's but a walking shadow.)のような例は、「人生は儚い」といってしまえばよいところを装飾的に述べているにすぎないように見えます。でも本当に比喩はことばの飾りなのでしょうか？　次の〈議論〉について述べた表現を考えてみましょう。

(1)
a　議論／意見を戦わせる
b　議論に勝つ／負ける
c　論戦を挑む
d　議論の核心に切り込む
e　彼の批判は的を射ている

f　議論の弱点を突く
g　鋭い追及に防戦に終始する
h　言い争う、言い負かす

これらはいずれも〈議論〉について述べた表現ですが、傍点部分に注目すると、もともと〈戦い〉を表す語であることに気づきます。すなわち、これらの例文は、〈議論〉を〈戦い〉に喩えた比喩表現の例だということになります。

〈喩えられるもの〉(例、議論)と〈喩えるもの〉(例、戦い)には、前者が抽象的で理解が難しいのに対して、後者は具体的で理解しやすいという意味での非対称性があります。(1)の例でいえば、〈議論〉は、物理的には、話し手と聞き手との間の空気の振動にすぎないのに対し、〈戦い〉は身体的、具体的です。このように、抽象的で理解の難しい経験領域Xを、具体的でなじみ深い経験領域Yのことばを用いて理解しようとする比喩のことを「メタファー」(metaphor; 隠喩)といいます。メタファーというと、先に挙げた『マクベス』の例のように「XはYである」(X is Y)という形式をもつものと思われがちですが、(1)の例からもわかるように必ずしもそうではありません。また、(1)の例文はいずれも日常的な表現であり、メタファーが装飾的な詩的表現であるという見方も必ずしも成り立たないことがわかるでしょう。

さらに、メタファーについて重要な点が三つあります。第一は、メタファーは単に言語の問題だけでなく、私たちの思考や行動にも影響を及ぼすという点です。私たちが議論の相手を敵（論敵）であるかのように打ち負かそうと思ったり、議論に勝つと戦いに勝ったかのように嬉しく思い、負けると悔しく思うのは（1）のようなメタファーが存在するためです。

第二は、多くのメタファーは経験的基盤をもつという点です。次の例を見てみましょう。

（2）
a　給料が上がる／下がる
b　売り上げが落ちる
c　設定温度を上げる／下げる
d　物価が上昇／下落する

一見するとごく普通の表現のように見えますが、実はこれらも、〈数量の多さ〉を〈上〉、〈数量の少なさ〉を〈下〉に喩えるメタファーです。それでは、〈数量の多さ〉を〈上〉に喩えて、〈下〉や〈右〉や〈左〉には喩えないのはなぜでしょうか？　それは、〈数量の多さ〉と〈上〉が相関するのを私たちが日常的に身をもって経験しているからだと考えられます。例えば、積み木を積み重ねていくと、数が増えるにしたがって上方向に伸びていくし、容器の中に水を注いでいくと、水嵩が増すにしたがって水面が上昇します。こうした経験が〈数量の多さ〉を〈上〉、〈数量の少なさ〉

を〈下〉に対応させる基盤になっているわけです。そのため、〈数量の多さ〉を〈下〉に喩えるのは、この経験に反することになり、おそらくどの言語にもそうしたメタファーは存在しないでしょうし、〈数量の多さ〉が〈右〉や〈左〉と相関するような経験も日常的でないので、そうしたメタファーをもつ言語もあまり存在しそうにありません。

第三は、メタファーによる理解は一面的なものであり、他の面を隠蔽してしまう可能性もあるということです。例えば、他者と議論することによって、自分の理解・知識を深めたり、相手への誤解を解くといったこともあるでしょう。しかし、こうした側面は、〈議論〉を〈戦争〉として捉え、相手を倒すべき者としてしか見ない(1)のメタファーでは隠蔽されてしまっています。

二　時間のメタファー

〈時間〉は、本来目に見えない抽象的な存在です。そこで私たちは〈時間〉を何とか目に見える具体的なものとして理解しようとします。その一つの現れが、時計のようなモノであり、私たちは針の動きや砂の減り具合を通して、時間の経過を理解します。もう一つが、時間についての語り方です。私たちは〈時間〉を様々な具体的な存在に喩えることによって、初めてそれを理解し、語ることができるようになるわけです。本節では、前節でのメタファーについての理解をふまえ、〈時間〉を語るのに用いられるメタファーを分析することで、私たちが時間をどのように理解しているかを探ることにしましょう。

空間としての時間

時間を語るのに最もよく用いられるのが、時間を空間に喩えるメタファーです。ここではそれをAとBの二つのタイプに分類し、それぞれを概観・分析した後、両者がどのような関係にあるかを考えることにします。

i　時間の空間メタファーA

時間を空間に喩えるメタファーの第一のタイプは、次のようなものです。

（3）a　I'm going to do it.
　　b　I look forward to seeing you.
　　c　We face the future with confidence.

（4）a　We've left all that behind us.
　　b　go back in time/to the past
　　c　a while back（しばらく前に）

これらはいずれも人間と時間の関係を表し、（3）は私たちが前方にある未来へ向かって進んでいくことを示すのに対して、（4）は過去が後方にあることを示します。

日本語でも同様の捉え方がなされていることが次の表現からわかります。

（5）　a　英語を｛これから勉強していく／今まで勉強してきた｝
　　　b　未来／将来を見据える
　　　c　行く先が不安だ
　　　d　前途洋々
　　　e　過去を振り返る
　　　f　後ろ暗い過去

このように私たちは過去から未来へ歩んでいくわけですが、その経路は平らではなく、過去から未来へ向かって下っていることが次の表現からうかがえます（例文出典の略号については章末を参照）。

（6）　a　The authentic history of Arabia scarcely <u>ascends to</u> the fifth century of our era.

（アラビアの信頼に足る歴史は西暦五世紀にまで遡ることはまずない）

(James Bell, *A System of Geography, Popular and Scientific*. Vol. 4)

b　These ideas descend from those of the ancient philosophers.（LDCE）

（こうした考えは古代哲学者の考えに由来する）

c　Many authorities are concerned that long-term side effects will show up years down the road.（IDM）

（多くの専門家は長期にわたる副作用が何年も後に現れることを懸念している）

d　from ancient times down to the present day（英活用）

e　The meeting was moved up from Thursday to Tuesday.（O和英）

f　Let's move the meeting down to three o'clock.（O和英）

g　時代を遡る／下る

h　会議を一週間繰り上げる／下げる

ところで、この経路の上を進むのは人間だけではなく、時間もこの上を過去から未来へ移動していきます。（6）が示すように、過去が未来より高い位置にあるため、時間が過去から未来へ向けて流れるのは自然なことであり、古来、時間が河の流れにしばしば喩えられてきたのもうなずけます。人間も時間も過去から未来へと移動するわけですから、両者の間に競争が生じることになります。

（7）　a　race against time
　　b　{ahead of/behind} time
　　c　Time has finally caught up with me.
　　d　時間との競走
　　e　時代に先んずる／遅れる
　　f　時間に追われる

以上、時間の空間メタファーAは、次のようにまとめることができます。

（8）　時間の空間メタファーA
　　a　話し手のいる位置が〈現在〉を表す。
　　b　話し手の前方に〈未来〉、背後に〈過去〉がある。
　　c　話し手は〈過去〉から〈未来〉へ向けて進む。
　　d　時間は〈過去〉から〈未来〉へ進む。
　　e　〈過去〉から〈未来〉への経路は下りになっている。

ii　時間の空間メタファーB

時間を空間に喩えるメタファーの第二のタイプは、次のようなものです。

(9)　a　the following/preceding day/week/year

b　The start of the academic year has been {put back from the first week to the third week/put forward from the third to the first week} of September.

(学年の開始が九月第一週から第三週へ後倒しになった／九月第三週から第一週へ前倒しになった)

c　～する前に／した後で

d　前／後年、前／後日、七〇年代前／後半、以後、以前、今後

これらは、〈時間的にさき=前、時間的にあと=後〉という捉え方を表しています。言い換えると、次の五通りの可能性を表しています。

(10)　a　〈現在〉は〈未来〉より前にある。

b　〈過去〉は〈現在〉より前にある。

c 〈過去〉は〈未来〉より前にある。
d 遠い〈過去〉は近い〈過去〉より前にある。
e 近い〈未来〉は遠い〈未来〉より前にある。

さらに、(9a)において follow, precede という移動動詞が用いられていることからわかるように、(9)では時間は未来から過去へ進むものとして捉えられています。これがもっとはっきり現れている例として、次を見てみましょう。

(11) a One day the time will come when anyone can go to the moon.（研和大）
b The time has come when you don't get treated like an ordinary human being if you can't use a computer.（研和大）
c The time has gone when a poor ragged child would take to flight at the sight of a policeman.（BNC）
（貧しいぼろをまとった子供が警官の姿を見て逃げ出すような時代は過ぎ去った）

これらは、未来が現在へやって来て、過去へ過ぎ去って行くことを示しています。
以上、時間の空間メタファーBをまとめると、次のようになります。

時間の空間メタファーB

(12)　a　時間的にさきのものは前、あとのものは後にある。

b　時間は〈未来〉から〈過去〉へ進む。

iii　時間の空間メタファーAとBの関係

(12)にまとめた「時間の空間メタファーB」は、(8)にまとめた「時間の空間メタファーA」と一見相反するように見えます。すなわち、時間的にさきのものは前、あとのものは後にあるとする(12 a)は、未来が前、過去が後とする(8 b)の捉え方と相反し、さらに、時間が未来から過去へ進むこととする(12 b)は、時間が過去から未来へ進むとする(8 d)と相反するように思われます。それでは、時間の空間メタファーAとBは、互いに独立した無関係なメタファーなのでしょうか？以下では、時間の空間メタファーBは時間の空間メタファーAに依拠することを論じることにします。

まず、時間の進む方向について考えてみましょう。時間は、時間の空間メタファーAでは過去から未来へ、時間の空間メタファーBでは未来から過去へ流れると捉えられていました。しかし、両者の「時間」は違う性質のものを指していると考えられます。時間との競走においてゴールとなるのは、経路(時間軸)上に配置された出来事(例、原稿の締切)です。すなわち、時間の空間メタファーBにおける「時間」(例、(11))は、〈出来事〉を指し、「出来事がやって来る／過ぎ去る」ことを「(出来事が生じる)時間がやって来る／過ぎ去る」と表現しているメトニミー(metonymy; 換喩)だと考えられます。ここで、メトニミーとは、隣接するもの同士の間で指示が移行する比喩のことをいいます。例えば、「赤ずきんちゃん」で〈赤いずきんをかぶった女の子〉を指すような場合がそれに当たります。出来事は特定の時間に生じるので、出来事と時間は隣接関係にあるといえるわけです。〈時間〉と〈その時間に生起する出来事〉がメトニミーの関係で結ばれることは、次の表現からうかがえます。

(13)　a　upcoming 15th of August/week/year/season
　　　b　upcoming election/events
　　　c　Yesterday was fun.
　　　d　来たる八月十五日／総選挙
　　　e　昨日は楽しかった

upcomingという形容詞が、(a)では時間を指す表現と、(b)では出来事を表す表現と共起しています。また、(c)では、「昨日」が〈昨日の出来事〉を指しています。(d)、(e)にみられるように、日本語でも同じことがいえます。

このように考えると、時間の空間メタファーBの(12b)は、出来事の移動を表していることになり、時間の空間メタファーAの(8d)とは、矛盾しないことになります。

さらに、(11)に出てくるcomeとgoという動詞に注目しましょう。これらの動詞は、〈話し手に向かう動き〉と〈話し手から離れる動き〉をそれぞれ表します。この話し手とは、時間の空間メタファーAの話し手にほかなりません。このことは、話し手と出来事を両方含む次のような表現によって支持されます。

(14) a <u>Before</u> us is a great opportunity, and we don't want it to <u>pass us by</u>.

b 目前に迫った総選挙

これに関して間接的な証拠を提供してくれるのが、西アフリカで話されているハウサ語の時間表現です。日英語では月曜日は火曜日の「前」、火曜日は月曜日の「後」にあると認識するのに対して、ハウサ語ではそれが逆になるそうです。これは日英語とハウサ語話者の空間認識の違いと相関しているとされます。例えば、日英語の話者では、「緑のブロックの前に赤いブロックを置きなさい」といわれると、自分に近い方に赤いブロック、遠い方に緑のブロックを置くのが普通であるのに対し、ハウサ語の話者ではこれが逆になります。すなわち、自分の前に物があるとき、日英語話者は、それらが自分と対面していると見るのに対し、ハウサ語話者は、それらが自分と縦並びに

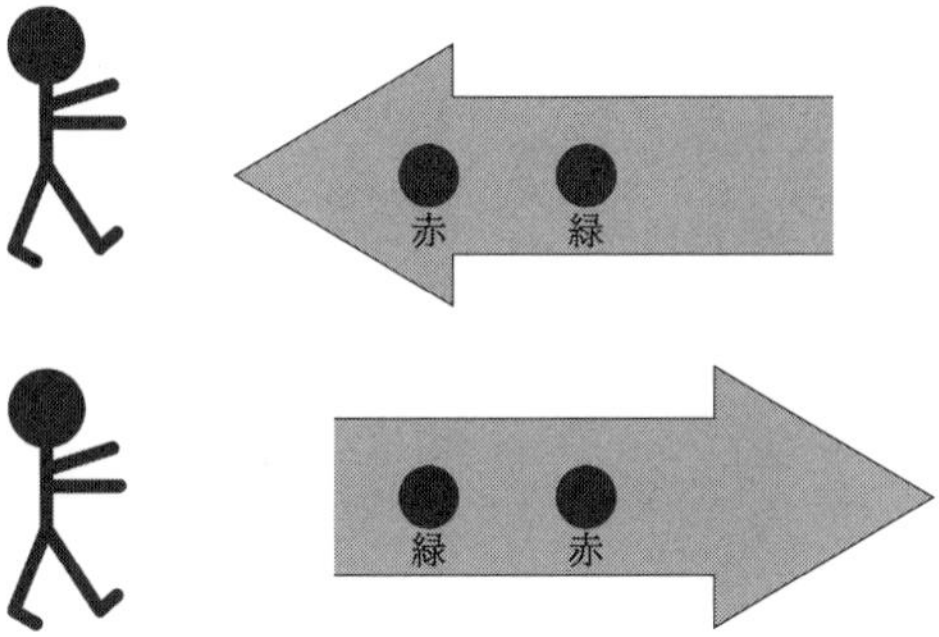

図4-1　日英語(上)とハウサ語(下)の空間認識の違い

なっていると見る傾向があるわけです(図4－1参照)。

この空間的認識が時間的認識に投影された結果、ハウサ語では、自分に近い方の月曜日が自分から遠い方の火曜日の後ろにあると捉えられるわけです。

このことは、時間的な前後関係・順序関係を表す時間の空間メタファーBが、時間の空間メタファーAの中の話し手を基盤にして成り立っているということを示唆します。すなわち、時間の空間メタファーBは時間の空間メタファーAに依拠して成り立っているといえるわけです。先行研究では、時間の空間メタファーBは「出来事(時間)と出来事(時間)を関係づける」もので、話し手は関与しないとされてきましたが、これは正しくなく、出来事間の前後関係は出来事を知覚する話し手抜きには決定できないといえましょう。

さて、そうすると、右で時間の空間メタファーBにおいては、「出来事がやって来る／過ぎ去ること」を「(出来事が生じる)時間がやって来る／過ぎ去る」と表現していることを見ましたが、実際には出来事は移動しているのではなく、移動している

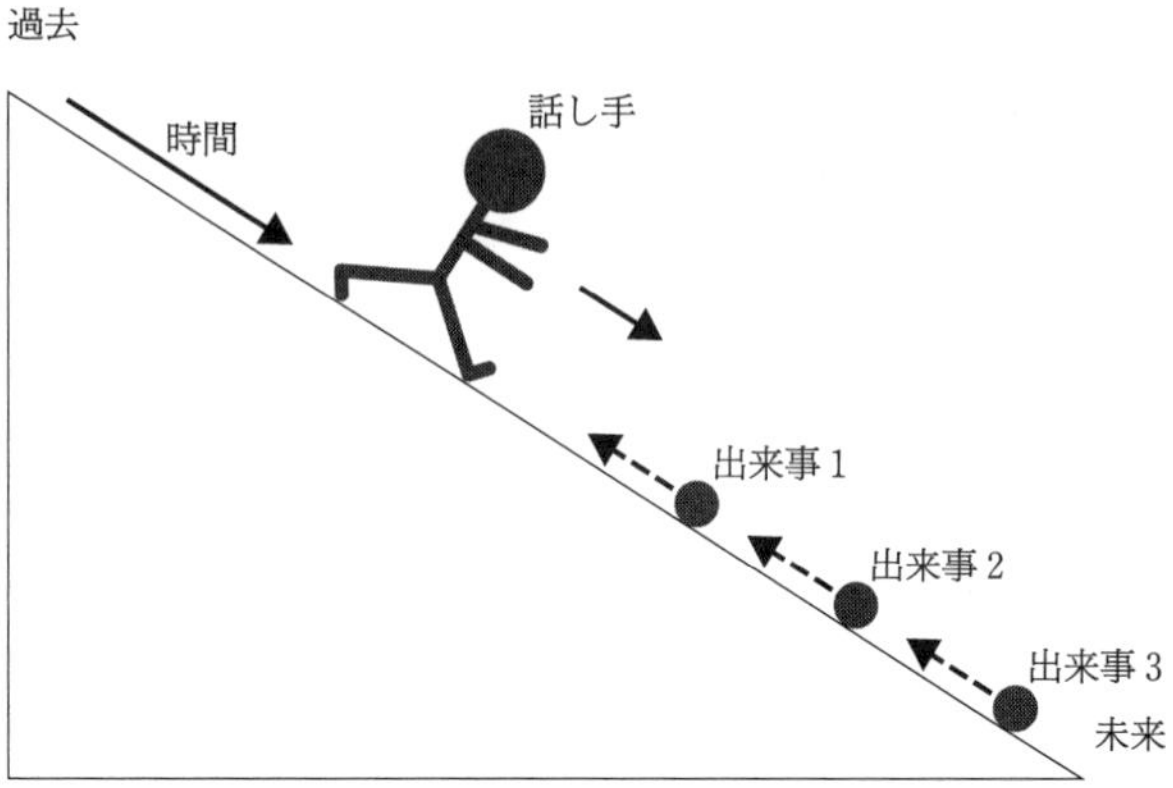

図4-2　時間の空間メタファー

ように見えるのだと考えられます。すなわち、(11)は、実際には話し手が未来から過去へ移動しながら経路上に配置された出来事を知覚する際に生じる「見え」を表していると考えられるのです。移動している者から見れば、経路上に配置された出来事は自分の方へ向かってやって来るように見えるわけです(cf. We are approaching Christmas./Christmas is approaching us.)。

以上、時間の空間メタファーBは、時間の空間メタファーAに依拠して成り立っていることを見てきました。両者を統合して、時間、話し手、出来事の関係を表すと、図4-2のように示すことができます。

資源(お金)としての時間

時間のメタファーとしてもう一つよく知られているのが、時間を資源(お金)に喩える次のような表現です。これも日英語に共通してみられるメタファーです。

（15）　a　You're wasting my time.
　　　b　How do you spend your time these days?
　　　c　That flat tire cost me an hour.
　　　d　I've invested a lot of time in her.
　　　d　You're running out of time.
　　　e　You need to budget your time.

（16）　時間を費やす／浪費する／無駄にする／かける／やりくり／節約する

これらの例の下線・傍点部は、本来、〈資源〉（とりわけ〈お金〉）に関して使われる語句なので、〈時間〉が〈資源（お金）〉に喩えられていることがわかります。このことを端的に表したのが、「時は金なり」という諺です。これは一七四八年のベンジャミン・フランクリンの言葉として広く知られるようになりましたが、オックスフォード英語辞典（*Oxford English Dictionary*）では一七一九年の初出例を挙げています（ちなみに、（７ａ）に出てきたagainst timeという語句の初出も同時期の一七五九年です）。

（17）　a　In vain did his Wife inculcate to him, That Time is Money: He had too much Wit to apprehend her. (1719, *Free-thinker* 18 May 128) b　Remember that time is money. (1748, B. Franklin, *Advice to Young Tradesman*)

三　時間のメタファーの経験的基盤

第一節においてメタファーには経験的基盤があると考えられることをみました。本節では、前節でみた時間を〈空間〉および〈資源(お金)〉に喩えるメタファーにどのような経験的基盤があると言えるかについて考えることにしましょう。

第二節では、時間を〈空間〉に喩えるメタファーが日英語に共通して存在することをみましたが、図4-2でまとめたような時間の捉え方は、必ずしも普遍的なものとはいえません。例えば、非常に珍しい例ですが、ボリビアのアイマラ語では「話し手の前方に〈過去〉、背後に〈未来〉がある」のように日英語とは逆の捉え方がなされると報告されています。

社会学者の真木悠介は、①具体的な質としての時間/抽象的な量としての時間、②不可逆性としての時間/可逆性としての時間、という二つのパラメータを基に、時間意識を表4-1に示す四つの形態に分類しています(真木悠介『時間の比較社会学』岩波書店、一九八一年、一八三頁)。

私たちが図4-2でみた日英語の時間の捉え方は、この表4-1の「近代社会」の時間意識に対応しています。真木は、この近代社会の時間意識を、ヘブライズムとヘレニズムの「文明史的な展開の統合の帰結」(真木前掲書、四〇頁)と位置づけています。鋳貨流通の発祥の地であり、世界のすべて

表4-1　時間意識の四形態

	具体的な質としての時間	抽象的な量としての時間
不可逆性としての時間	線分的な時間(ヘブライズム)	直線的な時間(近代社会)
可逆性としての時間	反復的な時間(原始共同体)	円環的な時間(ヘレニズム)

の事物を貨幣による価格づけのように数量化して捉える発想があるとともに、オルフェウス教の輪廻転生の影響を受けたヘレニズムにおいては、時間は数量性と可逆性をもつものと考えられていました。一方、ヘブライズムにおいては、終末論を起源として、時間は一回的、不可逆的なものとされ、質的に区別された「始まり」(天地創造)と「終わり」(最後の審判)を結ぶ直線をなすものと考えられました。近代社会の時間意識は、この二つの時間意識が統合した歴史的産物だというわけです。この見方が正しいとすると、第二節でみた時間のメタファーは、事物を数量化して捉えようとする発想と終末論のような思想を文化的基盤として成立したといえます。さらに、こうした文化的基盤の根底には、「前方にある物に到達するのは未来においてであり、後方にある物は過去において到達した」というような、私たちが経路上を歩く際に得られる、空間移動と時間経過の相関関係の知覚が身体的・経験的基盤としてあると考えられます。

四　時間のメタファーの思考・行動への反映

真木によって示された歴史的観点に立つと、「抽象的な量としての時間」という考えをもつ近代社会において、(日英語の例でみたように)時間が〈資源(お金)〉に喩えられることは自然な成り行きであるといえます。橋本毅彦は、この考えの成立について次のようにまとめています。

(18) 西洋で近代的な時間システムが登場するのは、一四世紀に機械時計が登場し、一五世紀にそれに基づく定時法が普及してからのことである。一五世紀にはヨーロッパの各都市で、市庁舎の時計台が人々に定時法の時を知らせるようになる。このような人工的で均一に流れる時間を必要としたのは、商人や手工業者など都市の市民階級の人々であった。彼らにとって、時間とは労働の量をはかり、利子の額を決定する経済的意味をもつようになっていたのである。「タイム・イズ・マネー」という標語は、一八世紀のアメリカのベンジャミン・フランクリンの言葉として有名であるが、その発想はそれよりはるか以前から、彼らの間に広まっていたのである。

(橋本毅彦「序文」、橋本毅彦・栗山茂久編著『遅刻の誕生――近代日本における時間意識の形成』三元社、二〇〇一年、五頁)

オックスフォード英語辞典によると、spend が「時間を費やす」、waste が「時間を無駄にする」の意味で最初に用いられたのは、一三〇〇年頃成立したとされる *Cursor Mundi* という韻文においてであり、右の引用で示された近代的な時間システムの登場におおむね対応しています。

さて、時間がお金であるとすると、時間を無駄にしてはいけないという規律がやがて生じてきます。これは、メタファーが思考・行動に影響を及ぼす例にほかなりません。産業革命による大規模機械の導入により「労働の同期化」――「機械の始動時間に合わせて、その運転に直接間接に関わる作業者も工場に来て仕事を開始すること」(橋本・栗山前掲書、六頁)――が求められ、監視、罰金、教育など様々な手段を通して労働における時間規律が西洋社会において確立していきました。しかし、こうした時間規律の意識は、時間を「抽象的な量」すなわち「資源(お金)」として捉えるメタファーの産物であり、このようなメタファーをもたない言語共同体にとっては無縁なものであっても不思議ではありません。真木悠介(真木前掲書、六〇頁)に引用されているスーダン南部に住むヌアー族の時間意識はそのことを物語っています(同様の報告は最近もいくつかの言語についてなされています)。

(19)　彼らは、我々の言語でいう「時間」に相当する表現法をもっていない。そのため、彼らは時間について、我々がするように、それがあたかも実在するもののごとく、経過したり、浪費したり、節約したりできるものとしては話さない。彼らは、時間と闘ったり、抽象的な時間の経過にあわせて自分の行動の順序を決めねばならない、というような、我々が味わうのと同じ感情を味わうことは絶対にないであろう。なぜなら、彼らの照合点は主として活動そのものであり、活動は一般的性格としてかなり幅をもつものだからである。物事は順序正しく行われているが、正確に行動を合わせねばならないような自律的な照合点は存在しないから、彼らは抽象的な体系によって支配されるということはない。この点、ヌアー族は幸せである。

（エヴァンズ・プリチャード（向井元子訳）『ヌアー族』岩波書店、一九七八年、一六五頁）

〈時間〉を〈お金〉として見るメタファーは、右のような時間意識が存在しうることを隠蔽してしまうことになります。このことが異文化間のトラブルに発展することもあり得ます。私たち日本人にとっても、労働における時間規律は比較的最近まで馴染みのない考え方であり、日本人の働きぶりが、幕末に日本にやって来た西洋人技術者を苛立たせたことが橋本毅彦（前掲書、三―四頁）に紹介されています。

最後に、これまで考察してきたような比喩表現にみられる時間の捉え方は、時間をどのように図像化するかにも反映されます（時間の図像の変遷については、エルヴィン・パノフスキー『イコノロジー研究（上）』ちくま学芸文庫、二〇〇二年、第三章を参照）。時間の空間メタファーAに基づく「流れる時」（クロノス）は、翼を生やし、戦車を駆る姿としてしばしば描かれます（イギリスの詩人Andrew Marvellの"To His Coy Mistress"（1681）という作品に、But at my back I always hear/Time's winged chariot hurrying near（私は翼のついた時の戦車が背後から近づくのを絶えず耳にする）という一節がありま す）。他方、時間の空間メタファーBに基づく「機会」（カイロス）として描かれるのが「時の翁」（Father Time）です。時の翁は、前髪はあるが、後頭部は禿げているため、機会を捉えるためには、前方からやって来る翁の前髪をつかまなくてはなりません。英語にはtake time by the forelock（機会を捉える）という成句がありますが、文字通りには「時間の前髪をつかむ」という意味です（ただし、時の翁に前髪しかないのは、過去＝後ろは無用と考えているからとする説もあり、そうすると、時の翁は人間と同じく過去から未来へ歩むという点で時間の空間メタファーAに基づく図像だということになります）。

五　まとめ

本稿では、日英語の時間の比喩表現を分析することで、〈時間〉という概念がどのように捉えられているかを明らかにしました。時間を空間に喩えるメタファーとして、時間の空間メタファーAと時間の空間メタファーBを取り上げ、分析し、後者が前者に依拠することを示すことで、両者を図4-2で示したように統合できることを論じました。さらに、こうした時間の比喩表現が、どのような経験的基盤をもつのか、どのように私たちの思考・行動に影響を及ぼし、それとともに、どのような時間の側面を覆い隠してしまうのかについても考察しました。

例文出典略号

BNC ＝ *British National Corpus*

IDM ＝ *Collins COBUILD Dictionary of Idioms*, 2nd ed.

LDCE ＝ *Longman Dictionary of Contemporary English*, 3rd ed.

英活用 ＝ 新編英和活用大辞典、研究社

研和大 ＝ 研究社新和英大辞典、第五版

O和英 ＝ オーレックス和英辞典、旺文社

読書案内

ジョージ・レイコフ、マーク・ジョンソン（渡部昇一・楠瀬淳三・下谷和幸訳）『レトリックと人生』（大修館書店、一九八六年）

認知言語学におけるメタファー論の古典。本稿第一節でまとめたメタファー観が豊富な例文とともに示される。時間のメタファーについてもこの本の第二章、第九章で触れられている。

ジョージ・レイコフ、マーク・ターナー（大堀俊夫訳）『詩と認知』（紀伊國屋書店、一九九四年）

時間の比喩表現には本稿で扱えなかったものも数多くある。この本の第一章では、文学作品に現れる時間の様々な比喩表現に対して洞察に富む分析が示されている。

真木悠介『時間の比較社会学』（岩波書店、一九八一年）

社会学の立場からの時間論。本稿第三節で紹介した時間意識の四形態が詳細に論じられる。

川田順造・坂部恵編『ときをとく——時をめぐる宴』（リブロポート、一九八七年）

時間をめぐって著名な人類学者、哲学者、言語学者、数学者らがそれぞれの立場から語り合った魅力的な本。時間研究の学際性の一端をうかがうことができる。

入不二基義著『時間は実在するか』（講談社現代新書、二〇〇二年）
哲学者マクタガート（J. M. E. McTaggart）の有名な時間論の紹介と批判的検討。本稿における時間の空間メタファーAとBは、マクタガートのA系列、B系列に概ね対応するように思われる。もしそうだとすると、日常言語の比喩表現が哲学者の時間論にも少なからぬ影響を与えたといえるかもしれない。

第五章　前近代の時間と近代の時間
――交差する二つの時間

権　錫永

はじめに

本題に入る前に、「二つの時間」について述べたいと思います。少し複雑になってしまいますが、「二つの時間」といえるものには二種類があります。ここで考えていくのはそのうちの一つですので、その整理をしておかなくてはなりません。

まず、一つ目の「二つの時間」についてです。私たちが「時間」というとき、それは普通、時計によって示される物理的な時間を意味します。客観的な時間と言い換えてもいいですね。「時間を測る」「時間がない」「時間を守る」などは、いずれも物理的な時間についての表現です。一般的に私たちの思考や心理は、一定の速度で流れていく、時計が指し示すこの時間にとらわれています。しかし、意識には上らなくても、「時間って不思議なものだ！」と、うすうす気がついている人は多いのではないでしょうか。時計という機械によって刻まれる時間の速度は一定のはずなのに、人が感じる時間はその時の諸々の条件によって変わる。そんなことが誰においても日常的に起きているからです。客観的な時間のほかに、主観的な時間とでもいうべきものを想定しなければ、この現象を理解することはできないのです。複数の人が一緒に九〇分の授業に参加した場合、その授業を面白く感じた人とそうでない人とでは、同じ九〇分でも、かなり違う長さに感じられるはずです。つまらない授業を聴いている退屈な時間と、好きな人と街を歩いている愉快な時間の長さなら、なおさらです。また、仕事に追われるなかでの忙しさも時間を短く感じさせますね。逆に、仕事がなくて手持ちぶさたのときには、時間はゆっくりとした流れとして感じられます。主観的には、時間の流れの速度は、楽しさや忙しさ、すなわち主体にとっての時間の濃密さに比例して増す。そういうことになりそうです。

もう一つの、「二つの時間」は——ややこしい言い方になってしまいましたが——、今挙げた例とはまったく違う枠組みで捉えられる対照的な「時間」、二つの異なる時間制度のことです。わかりやすくいうならば、「前近代の時間」と「近代の時間」です。この「二つの時間」の交差が生み出した大転換は、人々の暮らしや風景、そして心までも大きく変えました。その変わりようを見つめれば、「時間」というものは、きっと驚くほど不思議なものとして見えてくることでしょう。今回私が取り上げたいと思っているのは、こちらの方の「二つの時間」の交差についてです。

一　古き時代の時間——不定時法の世界を生きること

定時法と不定時法

江戸時代の時間制度は、日の出と日没を基準とした、自然の流れに沿ったものでした。これを不定時法といいます。一方、現行の時間制度は、一日を二四時間に等分割し機械時計に依拠したもの、言い換えれば、時間の長さを均一にしたもので、定時法と呼ばれます。時の流れというものは、根本的には、日の出と日没、四季の移ろいといった自然の流れにほかなりません。それをそのまま時間制度に取り入れていた古い時代の時間は、自然的な時間です。ただ、「自然」とは往々にしてそうなのですが、そこにはある種の粗さがありました。均一さに欠けていたのです。

図５-１を見てみましょう。日課は夜明けとともに始まって、日暮れとともに終わるというシンプルなものでした。夜明けに当たるのが卯《う》の刻、日暮れに当たるのが酉《とり》の刻です。それぞれ概ね二時間の長さになります。ここでいう夜明け、日暮れというのは、日の出前の約三〇分、日没後約三〇分です。これは状況としては、すこし明るくなって、手のひらの三本の太い線が見えだしたとき、と、日が暮れて、手のひらの三本の太い線が見えなくなったときを指すのだとそうです（岡田芳朗『明治改暦——「時」の文明開化』大修館書店、一九九四年、一五七頁）。要するに、昔の日本人は手のひらの太い線が見えだした頃に日課を始め、それが見えなくなった頃に日課を終えた。そういうことにな

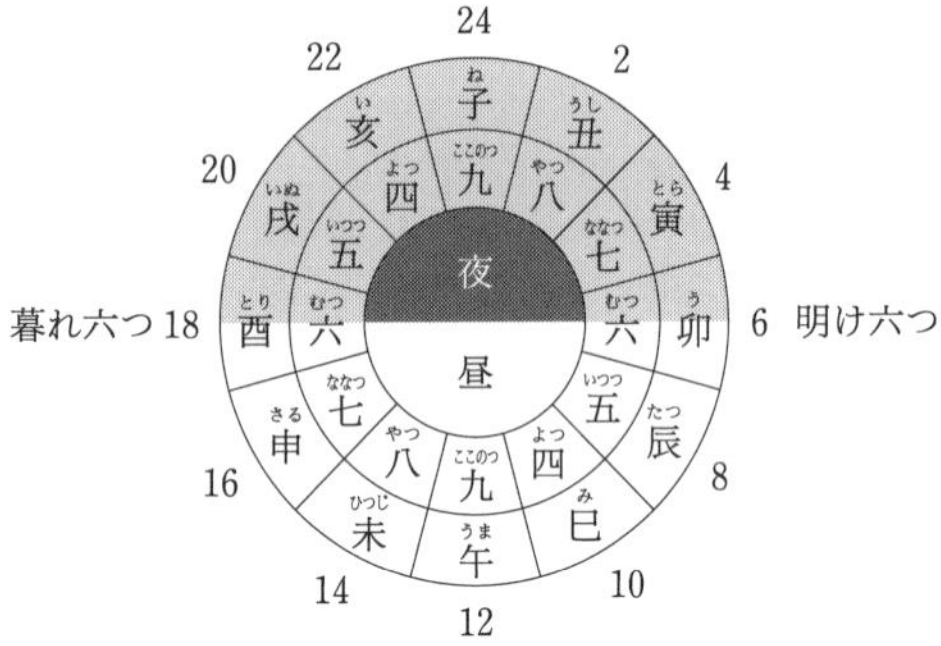

図5-1　不定時法

ります。この時刻を時鐘との関係から、それぞれ「明け六つ」、「暮れ六つ」といいます。江戸時代には時を知らせる時の鐘が設けられていたわけですが、例えば、子《ね》の刻・午《うま》の刻には九回、丑《うし》の刻・未《ひつじ》の刻には八回鐘を撞きます。そこで、その時刻を九つ時《どき》とか、八つ時とかいうようになります。「明け六つ」は朝の六つ時の意味です。現代語にもある「おやつ」というのは、八つ時(未の刻)に食べる間食に由来しているのですね。

図5-2は、不定時法では時間の長さが可変的であることを表したものです。東京の場合ですが、夏至の頃は日が長いため、夜に当たる酉の刻から卯の刻までの間が極端に短くなり、冬至の頃の時刻と大きく異なることが分かります。さらに緯度という要素が加わると、ずれはもっと大きくなります。スウェーデン北部など北極に近い地域だと、夜のない白夜になってしまいますからね。不定時法には時間の均一さが欠けているといったのは、このように、例えば、同じ「卯の刻」であっても、時期や地域といった自然条件によってその長さが異なるからです。

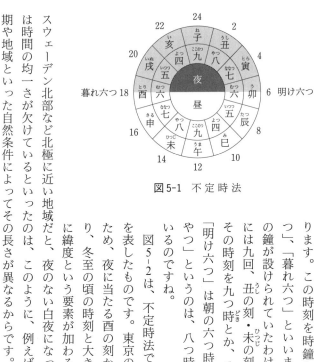

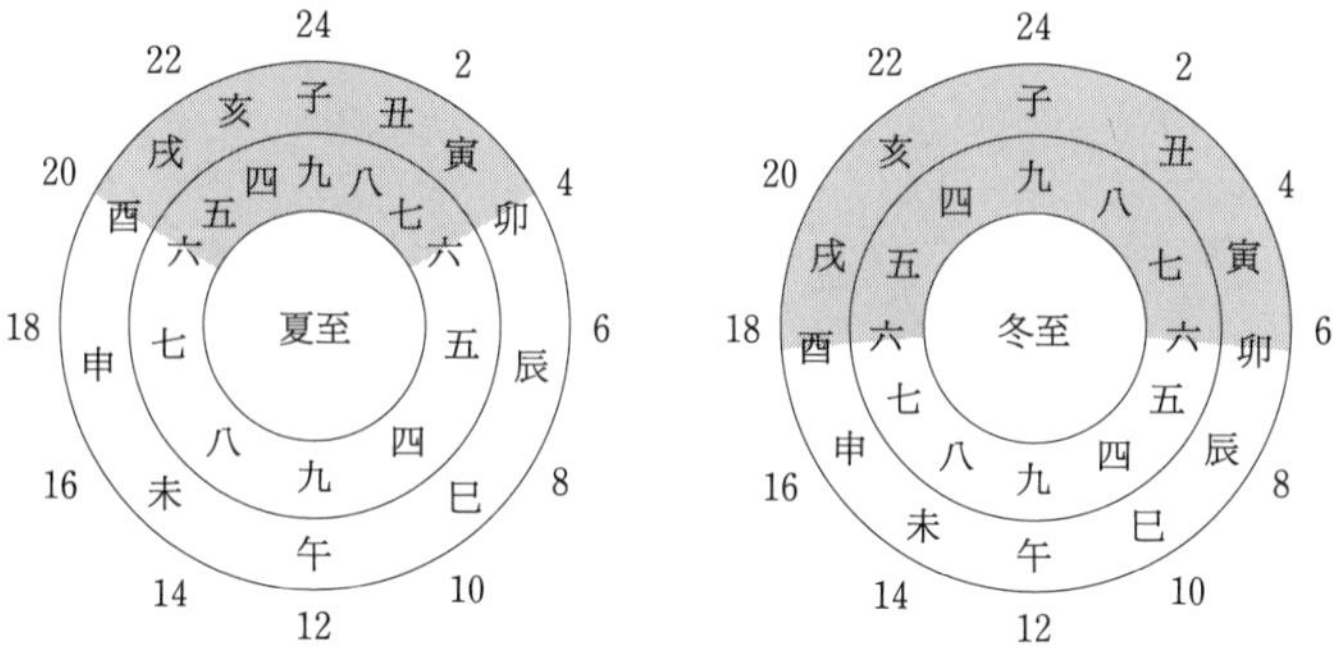

図5-2　不定時法の時間の長さの可変性

不定時法においては時間の長さが可変的であるだけでなく、その時間意識は約二時間を単位とする、実に大ざっぱなものでした。わかりやすい例を一つ挙げましょう。かの有名な宮本武蔵と佐々木小次郎との巌流島での果たし合いの約束の時間は辰の刻でした。この約束だと、一人が最大限に早く着き、もう一人が最大限に遅く着いた場合、早く着いた方が約二時間を待たされることになります。宮本武蔵が果たし合いの場所に姿を現したのは巳の刻のようですから、二時間の間隔を最大に利用し、そのうえ、さらに相手を待たせたともいえるかもしれません。

定時法に慣れきってしまい、分刻みで動く私たちには、こんなに大ざっぱな時間体系の中で生きることはできませんが、当時はこれで十分だったのです。農村社会では太陽の位置からだいたいの時間を読む程度でよかったわけですし、商店街などでも、時間の狂いがちな和時計に基づいて撞かれる時の鐘だけで間に合っていたのです。

現行の定時法は、今述べたような自然的な時間の歪みというか、粗さ、大ざっぱさを嫌って、時間を人工的に均一にして創りだしたものです。どのような条件下でも変わらない均一さという定時法の特徴が、人々の暮らしや生き方を大きく変えることになります。

悠長で気ままな暮らし

定時法の導入によって大転換が起きる以前、または資本主義社会になる以前、工業化する以前といってもいいのですが、その時代の人々の暮らしについて、もう少しご紹介しましょう。

自然的な時間に支配された昔の農村社会では、結果物としての収穫が重要なのであって、時間をどう使うかは自由でした。それは農民だけでなく、職人の仕事でも同じだったといわれます。つまり、職人の仕事は、時間に縛られず、満足するまで時間をかけてよい作品を作るという「作品中心の労働」であり、そこには「仕事と生活との間にあまり区別がない」というのです（角山栄『時計の社会史』中公新書、一九八四年、一九一―二〇頁）。今とは労働の質がまったく違っていたということなのですね。

それだけではありません。昔は今日いうところの「労働」という概念がなく、仕事は娯楽的なものと固く結びついていました。先程も述べたように、時間に縛られず、しかも、仕事のなかに娯楽が入り込んでいるわけですから、当然、労働は悠長で気ままなものになります。幕末期に日本に来た欧米の人々は、そういう働きぶりを見て、日本人は怠惰だと評することが少なからずありました。

すでに大転換後の近代の時間を生きていたその人たちには、許しがたい「時間の浪費」がそこにはあったわけです。

モースは日本人の労働の様子を克明に観察して、興味深い記述を残しています。図５-３と図５-４は、以下の文章に関連するものです。

運河の入口に新しい海堤が築かれつつあった。不思議な人間の杙打《くいうち》機械があり、何時間見ても興味がつきない。……杙打機械は面白く出来ていた。……重い錘が長い竿に取りつけてあって、足場の横板に座る男がこの竿を塩梅《あんばい》し、他の人々は、下の錘に結び付けられ上方の滑車を通っている縄を引っ張るのである。この縄を引く人は八人で円陣をなしていた。……変な、単調な歌が唄われ、一節の終りに揃って縄を引き、そこで突然縄を緩めるので、錘はドサンと音をさせて墜ちる。すこしも錘をあげる努力をしないで歌を唄うのは、まことに莫迦《ばか》らしい時間の浪費のように思われた。時間の十分の九は歌を唄うのに費やされるのであった。

（E・S・モース（石川欣一訳）『日本その日その日１』東洋文庫、一九七〇年、五―六頁）

裸体の皮膚の赤黒い大工が多人数集まって、いささかなりとも曳《ひ》くことに努力する迄のかなりな時間を、徒《いたずら》に合唄を怒鳴るばかりである有様は、誠に不思議だった。別な場所では、労働者たちが二重荷車を引っ張ったり木梃《てこ》でこじたり《ママ》していたが、ここでも彼等が元気よく歌うこと

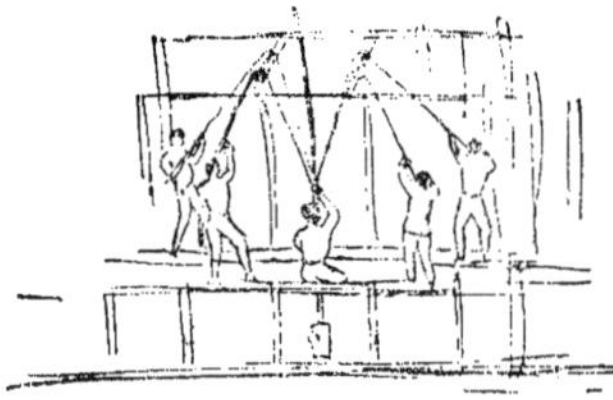

図 5-3　杭打機

図 5-4　二重荷車

出典）E. S. モース（石川欣一訳）『日本その日その日 1』東洋文庫，1970 年，5-6 頁（図 5-3），68-69 頁（図 5-4）

は同様で、群を離れて一人が音頭を取り一同が口をそろえて合唱すると同時に、一斉的な努力がこのぎこちない代物を六インチばかり動かす……という次第なのである。

（モース前掲書、六八―六九頁）

なんという悠長さでしょう。どれだけ仕事が捗るか、どれだけ時間を効率的に使うかは、まったく考慮されていない働き方です。仕事の効率を上げようとして一所懸命にやれば、それは「労役」になるわけですが、この集団的労働では動作の長い合間に唄を入れてしまう。渡辺京二という方はこれについて、「何のよろこびもない労役に転化しかねないものを、集団的な嬉戯を含みうる労働として労働する者の側に確保するため」だったとし、あの時代の「労働は唄で飾られていた」と書きました（渡辺京二『逝きし世の面影』平凡社、二〇〇五年、二四〇―二四一頁、二四六頁）。面白い表現ですね。このような、ゆったりとした集団的労働は、当時の労働の質を象徴的に表しているといっていいと思います。もちろんこれは日本に限ったことではありません。朝鮮の例を一つご紹介しましょう。

図5-5　朝鮮の集団労働①

図5-6　朝鮮の集団労働②

出典）『西洋人が作った近代前期の韓国のイメージII　コリアンの日常』青年社（ソウル），2009年，80頁（図5-5），80頁（図5-6）

図5-5、図5-6は、朝鮮の人々が土を掘り起こしている様子です。使っているのは、カレといって、鋤の一種ですが、刃の両上端に綱を結びつけてあります。図5-5で見ると、二人が綱を引っ張り、一人が鋤を押さえて土を掘り起こしています。ところが、図5-6を見ると、なんと九人がかりです。鋤一つに九人というのは、いくら何でものんきすぎますね。綱を四本にすることもあるなど、状況によって変わり、バリエーションがあります。この集団労働もやはり、時間に追われながら効率を考えて一所懸命にやるものではなく、ゆっくりと行われるものです。こういう光景は一九七〇年代にも見られました。要するに、農村社会の労働の質は長い年月をかけて、徐々に変わっていったということなのですね。日本でも、先ほどの杭打機などは戦後もあったようですから、同じことがいえるだろうと思います。

いち早く新しい時間制度が始まったヨーロッパでも、それまでの暮らしはやはり悠長なものでした。

一九世紀初頭には、農民の時間、職人や労働者の時間は、予測できない事態にうがたれ、強制されることが少なく、偶然の出来事や気晴らしのために中断されることもある、穴だらけの時間であった。

（アラン・コルバン編（渡辺響子訳）『レジャーの誕生』藤原書店、二〇〇〇年、九頁）

ここまで、洋の東西を問わず、古き時代の人々の暮らしは、実に悠長で気ままなものだったことを確認してきました。それは、現代人が手にした豊かさとはまったく違う意味での豊かさの存在を教えてくれます。この後、人々は労働の質を変えられ、物質的な「豊かさ」がもたらされることになりますが、どうやらそれは、意識に上ることもない、自然そのものとしてのそれまでの豊かさを失っていく過程でもあったようです。

二　定時法への大転換と時間規律

日本では一八七三年に、太陽暦が採用されました。正式の時刻表示法として定時法が導入されたのもこのときです。それまで、自然の流れとしての大まかでゆったりとした時間を生きていた人々が、こうして機械時計で刻まれる人工的な時間を生きることになります。すでに述べましたように、定時法の時間の最大の特徴は、一分とか一時間の長さが、いつ、どこにおいても均一である点です。

角山栄さんの本によれば、イタリアを出発点としてヨーロッパで機械時計が普及していくなか、商人や手工業者などの新興都市市民階級が定時法の普及に積極的だったといいます。それについての説明を見てみましょう。

商人や手工業者の間では、「時間」が職業的営みのなかで、貨幣と同じように貴重な価値をもつものとして意識されつつあったからである。利潤が商人や職人の関心の中心になってくるにつれて、時間の正確な計測がいっそう重要になってきた。……

……時間は商人にとって貨幣になり、貨幣は資本に転化する。「タイム・イズ・マニー」といったのは、ずっと後の、一八世紀中ごろのフランクリンであったが、中世末の商人や銀行家はすでにそのことを理解していたのである。

時間の本質が貨幣であるならば、時間は貨幣と同じように正確に計測されねばならない。

（角山栄『時計の社会史』中公新書、一九八四年、一七―一九頁）

時間の本質は貨幣である、このことを理解すれば、時間をめぐる様々な問題も理解しやすくなるでしょう。時間は貨幣と同じなのだから、賃金や利子のために正確に計測されなければならないし、浪費もあってはならない。そういうことになります。

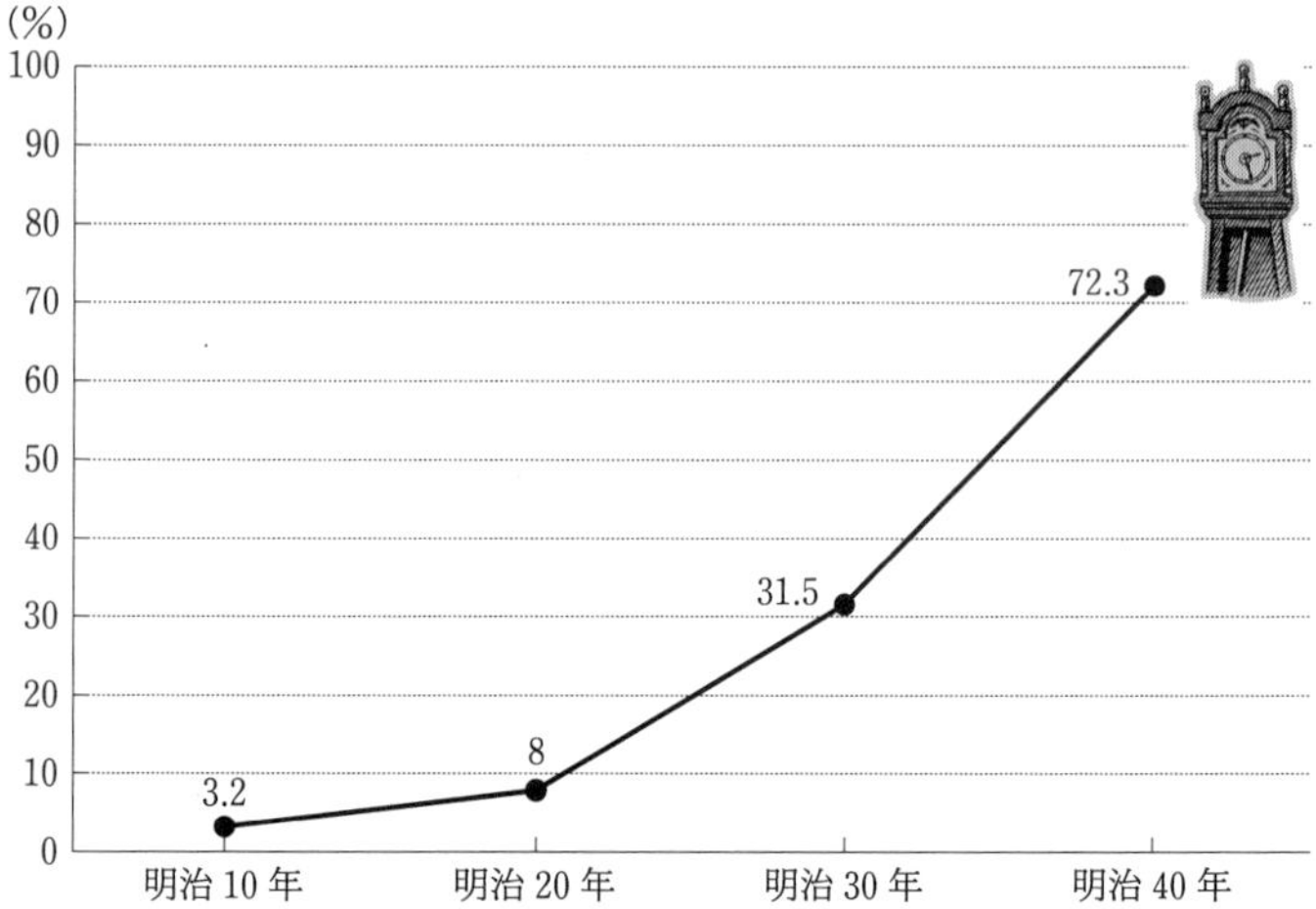

図 5-7　明治期のクロックの普及率

出典）内田星美「明治時代における時計の普及」，橋本毅彦・栗山茂久『遅刻の誕生――近代日本における時間意識の形成』（三元社，2001 年），284 頁の表に依拠して簡単なグラフにまとめた。

時計の普及率

しかし、日本で定時法が導入された当時、人々はまだ時間規律というものを知りませんでしたし、ほとんどの人は時計すら持っていませんでした。

図5-7は、明治期のクロック（掛け時計、置き時計）の普及率をわかりやすく一〇年ごとに示したものです。明治二〇（一八八七）年でわずか八パーセント、明治三〇（一八九七）年でも三一パーセント弱、そして明治四〇（一九〇七）年になると七二パーセントを超えます。この頃は、貧しい家を除いて、それぞれの家にクロックが置かれるようになったといえるでしょう。

ただ、持ち歩くウォッチとなると、図5-8でわかるように、普及がなかなか進みません。明治四〇（一九〇七）年でもわず

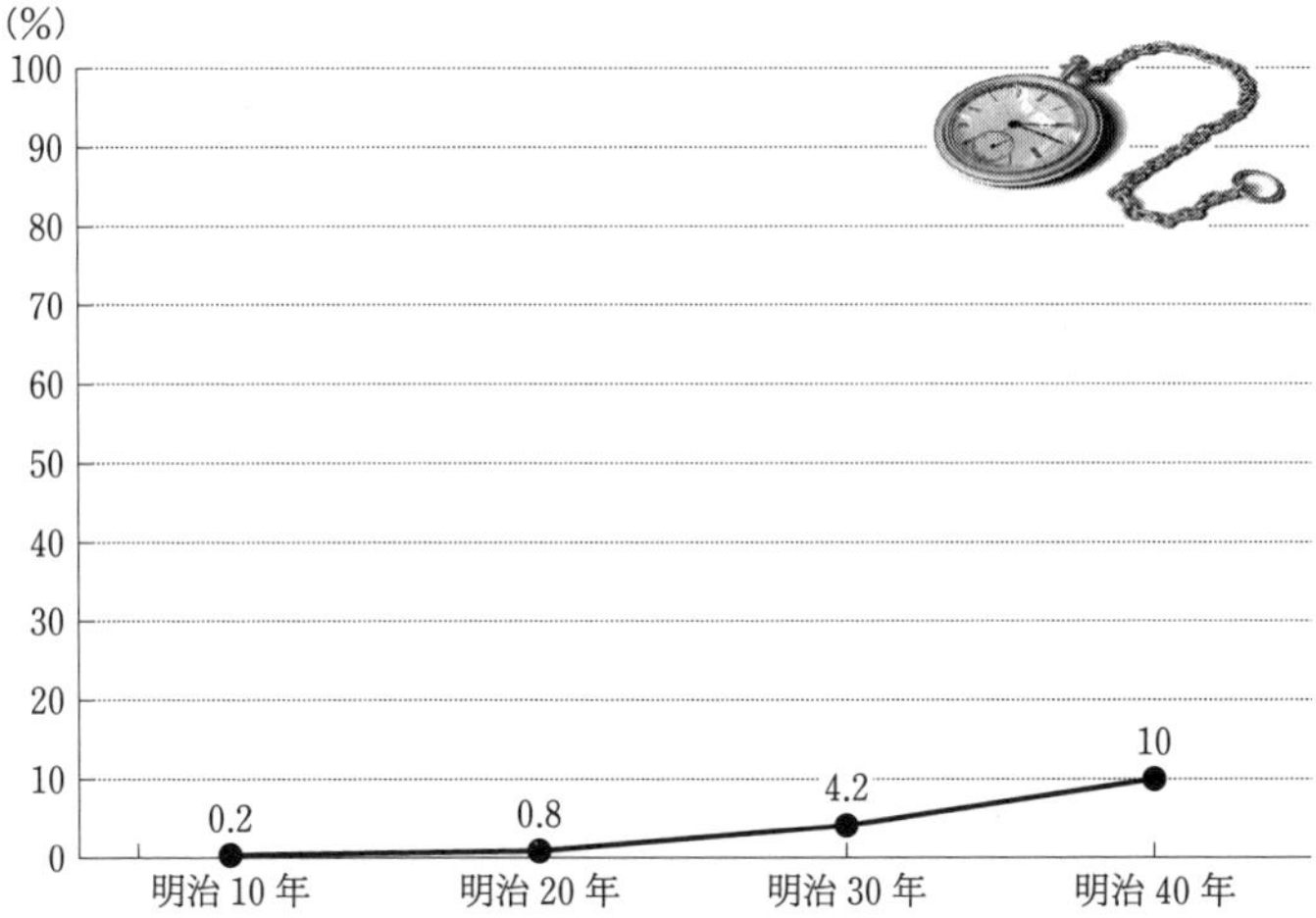

図5-8　明治期のウォッチの普及率

出典）図5-7に同じ。

か一〇パーセントの普及率です。これでは外に出ている間に時間規律を守ることは困難です。この問題をいくらか解消してくれたのが、町の中に設けられた時計台でしょう。

さて、今述べたのは、時間規律のための客観的な条件の一つであった時計の普及についてです。これに加えてもう一つ重要な問題が、自然的な時間を生きていた人々が、どのようにして時間規律を自分の中にもつようになるかという点です。

時間の規律訓練

「遅刻の誕生」という言葉があります。書名になっているのですね（橋本毅彦・栗山茂久『遅刻の誕生――近代日本における時間意識の形成』三元社、二〇〇一年）。副題がその説明になっているわけですが、私なりにもう少しご説明しましょう。

約束の時間に遅れることは、時間にルーズな江戸時代にも起こりうることでした。言葉はなくても、現象としてはそれも「遅刻」です。ですが、近代の「遅刻」には、江戸時代のそれと一線を画す特別なニュアンスがあります。それは、社会全体に張り巡らされた、ある種の懲罰を伴うほどの禁止事項です。そして同時に、個人がその禁止事項を各人の身体に埋め込まれ、時間規律を犯さないように「主体的」に律するようになる。そのように、社会に張り巡らされた強い禁止事項として、個人の意識と行動を支配するものが、近代における「遅刻」だといえます。個人は社会全体から厳守すべき時間規律を厳しく強いられると同時に、自ら「主体的」にそれに応えていくのです。

しかし、そういうことが、いっぺんに確立されたわけではありません。初めはすべての日本人が時間規律の教化対象にならなければならなかったのです。大ざっぱにではありますが、その教化の場としていくつか例をあげて考えてみたいと思います。

たとえば「鉄道」については、日本では公式に定時法が実施される一八七三年一月一日より七か月早い一八七二年五月、定時法による鉄道の運行表が作成されました。日本ではこの後、どんどん鉄道が普及していき、鉄道ブームまで起きます。

鉄道がなかった時代、旅とはどういうものだったでしょうか。ほとんどの人々は、どこへでも歩いていくのが普通でした。文明開化の時代が到来し、便利な鉄道というものができると、地域間の距離は一気に縮まって人々の行動範囲が格段に広がり、生活は一変します。ただ、この文明の利器は、利用者の都合に合わせて出発時間・到着時間を調節してくれるわけではなく、まず利用者である個人の変化を求めるものです。つまり、人間の身体に時間規律を埋め込んで、「主体的」にそれを厳守することを強いるのです。ちょっとわかりにくいかもしれませんが、一九世紀末という時代に戻って、自分自身が初めて鉄道を利用すると想像してみましょう。汽車の本数は少なく、乗りたいと思っていた便に乗り遅れたら、一日待たなければならないことも多かったことでしょう。時計もなく、「時刻表」に疎いあなたは、まず何度も乗り遅れることでしょう。昔ならどこへでも歩いて行けたのに、この便利さを知ってしまった今は、汽車に乗り遅れても歩く意気もなく、茫然と立ち尽くすでしょう。この失敗によって、もう乗り遅れまいと、あなたは鉄道によって課された時間規律を積極的に受け入れることになります。一分でも遅刻したら汽車は容赦なく出発してしまうわけですから、時計を持っていれば、駅にたどり着くまで何度も時間を確認しながらせっせと歩くでしょうし、もし時計がなければ、時計台で、または商店の中をのぞき込んで時間を確認し、汽車の出発時刻に遅れないように努力するでしょう。誰でもそうならざるを得ません。それだけでは終わりません。やがて自分の中で時間規律が当たり前になってくると、みんなが汽車の遅着に憤慨し、定時運行を求めるようにもなるのです。

次に取り上げたいのは「学校」です。学校は、登下校の時刻があり、在校中も時間割に沿った行動が求められるという意味で、それ自体が極めて制度として整った時間規律の教化システムだといえます。学校が生徒たちに時間規律をどのように教えたかについては、西本郁子の報告（「子供に時間厳守を教える――小学校の内と外」、橋本・栗山前掲書、一五七―一八七頁)が参考になります。この研究によれば、まず定時法が実施されても、最初の頃は学校に時計がなく、もしあったとしても教師自身が未だに時間規律を十分に身につけていないことも多かったようで、明治一〇年代(一八八〇年頃)は「学校の時間」といえるものは確立されていなかったといいます。興味深いことに、そういうなかでも、規律に伴う罰則が時間意識とつながっていたらしいのです。つまり、小学校では粗暴な言動や器物損壊などを対象に、「直立」または「留置」(居残り)を命じる罰を設けていたが、処罰すべき行動の内容によって罰としての「直立」の時間も変わる。それが「五分刻み」になっていた、というのです。罰を受けている、つらい、いやな時間の間、生徒は否が応でも分刻みの時間を意識せざるを得なかったことでしょう。遅刻については当初はさほど厳しくなかったようですが、時代が下ってくると厳しさが増していきます。場合によっては教室の外に立たされることもあったし、遅刻や早退が五回を数えられるごとに欠席一日とみなす学校もありました。

「時間」について本格的に教えられるのは修身の時間でした。その内容は時間厳守、規則正しい生活、時間の大切さといったもので、結局のところ「勤勉の奨励」というかたちになっています。その際に、よく登場してくるのは、あの有名な「時は金なり」という格言です。

教科書が教える「時は金なり」の考え方とは何か。教科書は子供に向かって言う。毎日規則正しい生活を送り、寸刻惜しんで絶えず学び、その長年の蓄積によって優れた人物になり、学問なり芸術（あるいは軍事）において立派な業績を築きなさい……。勤勉こそまさに明治の小学校教育が採用した思想である。（略は原文のまま）

（西本郁子、橋本・栗山前掲書、一七五頁）

先ほど、学校は制度として整った時間規律の教化システムであったといいましたが、それだけでなく、究極的には、時間を浪費せず計画的かつ合理的に運用して仕事に励むこと、すなわち「勤勉」を奨励していたのです。「勤勉」は近代国家のイデオロギーです。近代国家は国民国家として成長していくうえでそれを必要としていましたし、資本主義とも密接な関係があります。

人々の時間意識は確実に変わっていきました。しかしそれでも、まったく不十分でした。時間意識を徹底させるために、一九二〇年に制定された「時の記念日」は何よりの証拠でしょう。この時期になってもなお徹底させる必要があったわけです。

三　近代の「労働」

時間規律の教化の場として、もう一つ重要なのが「工場」です。ただ、「工場」を取り上げると、たちまち問題が拡散していくため、これについては、もうすこし広い枠組みのなかで考える必要があります。

「労働」の質の変化

先ほど、「時間の本質は貨幣である」と述べましたが、この言葉が最も説得力を帯びるのは、「労働」という概念を考えるときだと思います。というより、「時間」の問題とは、すなわち「労働」の問題だといっても過言ではないでしょう。

江戸時代までの労働が自由でゆったりとしたものだったのに対して、資本主義社会の労働はできるだけ無駄がなく、緊張感に満ちていなければなりません。具体的にご説明しましょう。近代の「労働」とは、端的にいえば、切り売りされる商品です。提供された労働の時間は貨幣に換算されます。労働者の労働の時間に対して、資本家はその対価として貨幣を支払うわけです。そのため、労働は「唄で飾られ」たものであったり、効率を考えないような、ゆったりとしたものであってはならなくなったのです。前に引用したアラン・コルバンの言葉を借りるならば、「偶然の出来事や気晴らしのために中断されることもある、穴だらけの時間」であってはならないということですね。このような「労働の純化」によって、または「集団的な嬉戯」が排除されることによって、「労働」はただの「労役」になったといってもいいでしょう。そして、労働の時間が貨幣に換算されるようになったことで、時間は正確に計測されなければならなくなりました。それは言い換えれば、労働の時間の厳守が求められるということでもあります。

江戸時代までの労働は生活と完全には切り離されないことが普通でした。農村社会・職工社会がそうであるように、多くの場合、労働の場と生活の場は別々ではなかったのです。資本主義社会になると、この点でも大きく変化します。工場で働く労働者は家を離れて、工場という仕事場に出勤しなければならなくなったのです。何でもないことのようですが、この変化はとても大きな事件として認識すべきだと思います。この変化によって、第一に、工場という仕事場に「遅刻」の概念が生まれました。江戸時代にも侍たちが城内に出勤することがありましたし、その場合も出勤の時間が定まっていましたが、時間規律はとてもルーズでした。後で述べるように、工場における遅刻はただちに貨幣の問題となって現れてきます。この変化によってもう一つ、「労働の純化」の条件が整ったといえます。工場労働者は決まった時間に出勤して、一斉に労働を開始し、昼食をとり、仕事を切り上げる。その間は生活的な要素によって邪魔されることなく、みな一心不乱に働く。労働は管理され、純化されていくでしょう。

工場と時間

しかし、資本家の時間観念・労働観念は変わっても、早い時期の日本の工場労働者はまだ昔のままです。工場という場に相異なる二つの時間、二つの「労働」が存在するわけですから、工場側も労働者側も四苦八苦せざるを得ません。結局のところ、労働者側が労働を搾取されるかたちで事は進んでいくことになります。

まず、最初の頃の本格的な工場の例として、官営の海軍兵器局工房を見てみましょう。これは鈴木淳という方が取り上げて、三段階にわたる規則の変化を詳細に論じたものです（鈴木淳「二つの時刻、三つの労働時間」、橋本・栗山前掲書、九九―一〇七頁）。この工場の一八七五年の規定では、次のようになっていました。

①労働者は六時三十分までに出勤
②七時二五分に半鐘を合図に工場内の労働者を集める
③七時三十分に始業

労働者が出勤して始業するまでの間に待ち時間が一時間もあるのですね。不定時法の曖昧な時間感覚に慣れた労働者に分単位で時間厳守を期待することが難しいため、労働者を待たせることで解決したわけです。遅刻すると減給され、さらに七時を過ぎた場合には就業が認められなかったそうです。この規定の前提になっているのは、始業時刻を守ることです。そのために、始業五分前に労働者を集める。またそのためには、その時刻までに労働者が工場内に来ていなければならない。しかし、労働者には工場側が求めるような時間規律が身についていません。そこで、労働者にうんと早い時間に出勤してもらう、という方法を取ることで、労働者の時間を犠牲にしたということです。不条理な話ですね。

ところが、八年後の一八八三年の規定では、始業時刻だけが定められていて、朝の待ち時間がなくなります。この変化には、労働者側にもある程度の時間規律が身についてきたということが前提条件になっていると思われますが、おそらくまだまだ不十分だったのでしょう。工場側は労働者の遅刻を防ぐために、ある工夫をしています。それは、始業の一五分前に汽笛を鳴らすというものです。その後に始業を知らせる「報鐘」が鳴ります。鈴木氏はこう解説しています。

汽笛は、蒸気力による大音量で、工場の敷地外にも響き渡り、工場への参集を促すものであったに違いない。もちろん十五分前では、全ての労働者が汽笛を聞いてから家を出るわけではないが、汽笛が確実に響く範囲に居住し、あるいは出勤途上にある労働者たちに直接工場の時刻を報知することはできた。このことが、待機時間なく出勤時間の厳守を求める技術的な背景となったに違いない。

（鈴木淳、橋本・栗山前掲書、一〇四頁）

この後、一八八六年の規定では、一〇分間の入門時間を設け、工場に早く着いても門が開くまで待たざるを得なくしています。入門時刻を守りさえすれば、労働者は出勤時間を厳守すると同時に、無駄に待たされることがなくなります。労働者側にも合理的な規則に変わっていったといえます。

こうした変化について、面白い指摘がなされています。すなわち、この変化は「労働者側の時刻認識の深化」を意味するが、ただ、「出勤時刻の厳守によって浮いた時間は労働時間の延長に充用された」と考えられる、と（鈴木淳、橋本・栗山前掲書、一〇七―一〇八頁）。一八八六年に労働時間が「小一時間」延長されたことがその根拠になります。

次に、民間の事例をみてみましょう。犬丸義一校訂『職工事情』（上）（岩波文庫、一九九八年）という本があります。農商務省商工局が一九〇三年に行った調査報告書です。これを見ると、非常に様々な例があって一概には言えませんが、労働の実態がかなりひどかったことがうかがわれます。一つ、例をご紹介しましょう。以下は、ある生糸工場についての調査者の報告を要約したものです。

生糸工場においては、労働時間を夜間に延長することがある。この方法を行うときは、毎日の労働時間は決して一三、四時間を下ることなく、長い場合は一七、八時間に及ぶこともある。この方法は諸地方にみられるが、ことに諏訪地方に顕著で、毎日平均一五時間を下らない。のみならず、好況になるにつれて、その生産額を増やすことに努め、一日の労働は一八時間に達するることもしばしばである。ある地方の工場では、工場で規定している労働時間を延長しようとするときは、時計の針を後戻りさせることもしばしばである。近隣の各工場の主と申し合わせて、汽笛による終業時刻を知らせることをしないこともある。

（犬丸前掲書、二三五―二三六頁）

まず、残業がいかに長時間に及んだかがわかりますね。また、時計を持たない労働者を騙して労働力を搾取していたことも確認できます。調査者はさらに、こう付け加えています。

諏訪地方の工場にあっては午前午後の休憩時間を与えざるのみならず、食事時間もなるべくこれを短縮せんことを務むる工場少なからず。某工場においてその掲示したるの工場規則中に食事時間は五分を過ぐるべからずとの一条あり。

（犬丸前掲書、二三八―二三九頁）

工場労働者は、とてつもない長時間労働と極端な労働力の搾取にさらされ、一日を通してまともに休憩時間が与えられないことさえあったことがわかります。

長時間労働は、時には、近代的な時間・労働観念をもたない労働者の不規律が原因である場合もあったようです。『職工事情』によれば、織物工場における労働時間は、一日一二時間から一八時間に及び、長時間労働は主として自家製造、小工場に多いとされています。

労働時間は大略以上の如しといえども終歳これを励行するにあらず、彼ら職工は……就業中といえども雑談を試むる等不規律極まるものなり。本調査員は桐生、足利地方織物工場の労働時間長きに失することにつき工場主に語りことあり。彼らは曰く、単に一日の労働時間は一六、七時間なりと。聞けばその長きにわたりいかにも苛酷なる如くみゆるも、機械工は機械的に働作するものにあらず、その就業時間中全力を委《つく》して労働に従事するが如きことなく、倦怠すれば自ら手を休め、あるいは雑談を試みあるいは管巻を取りに行くとか、監督者の目を盗みてなるべく労働せざることを務む。

（犬丸前掲書、三一五—三一六頁）

労働者の不規律のために長時間労働をしてもらうしかないというのが工場主の主張ですが、調査者はこれを認めながらも、逆の因果関係もあるとの見解を示しています。つまり、労働時間がひどく長いのが原因で労働規律が悪くなる傾向がある。だから、労働時間を減らして規律正しく労働させることで、作業効率の改善に努めるべきだ、というわけです。ちなみに、長時間労働のもう一つの原因は低賃金にあったようです。貧乏で賃金が安いから、長時間労働を望む人もいたということです。いずれにしても、工場はまさに、二つの時間観念、二つの労働観念が熾烈にせめぎ合う場であったことがうかがわれます。

長時間労働の問題

この長時間労働は、労働の不規律の悪循環を生むものとして、両者にとってとても深刻な問題で

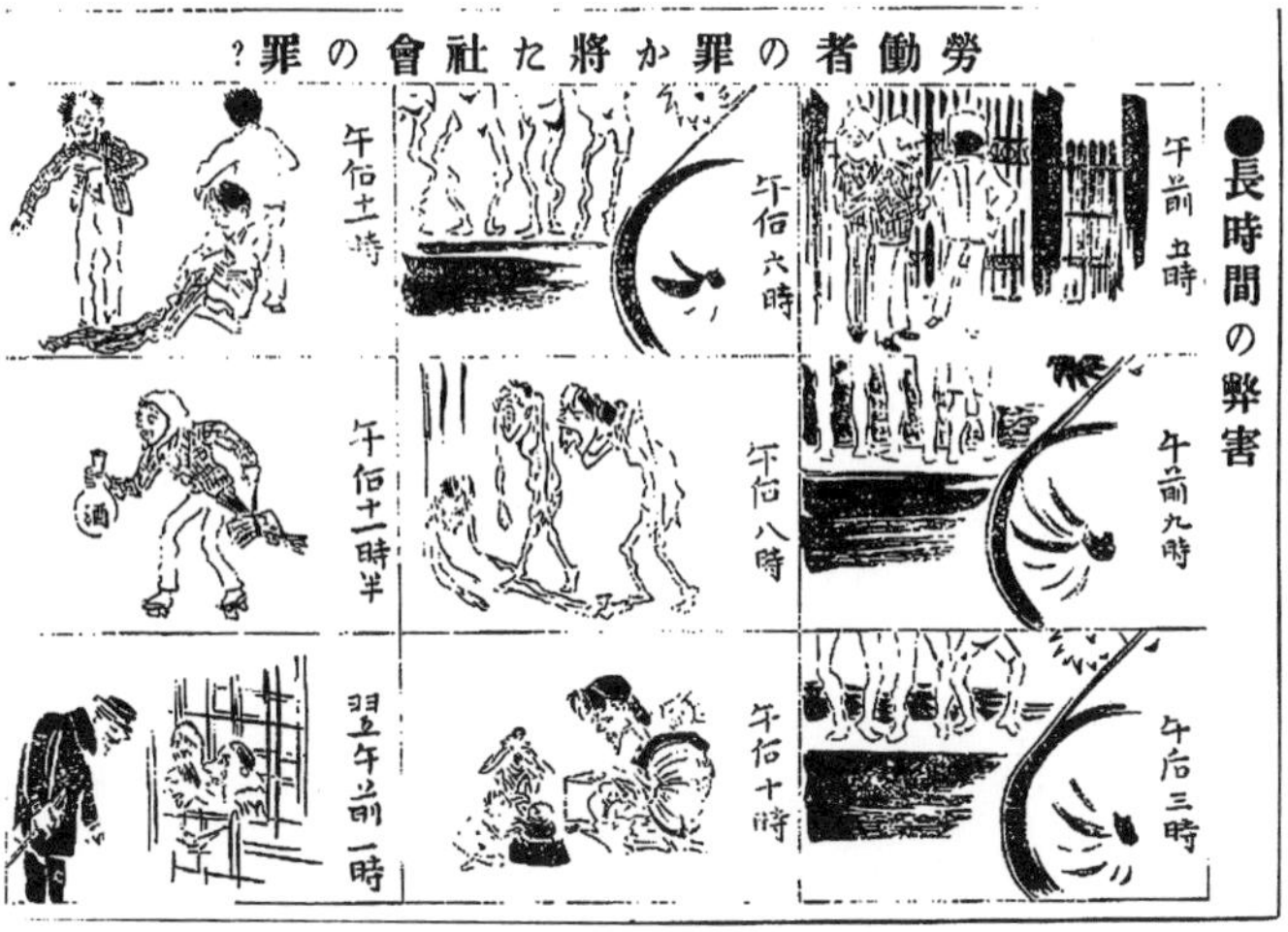

図5-9　長時間労働の弊害

出典）『労働世界』第2号，1897年12月15日

した。労働者にとっては生活の質の問題、工場側にとっては良質な労働力の確保の問題です。すでに述べたように、昔の労働には娯楽的な要素が混じっていたけれど、純化された近代の労働からはそういった不純物が排除されました。すると今度は、労働の時間外において、娯楽が必要になってきました。この場合の娯楽は、多分に、良質な労働力の維持のために必要とされたもので、健全さを求められていました。図5-9は長時間労働がもたらす労働者の不幸を描いたものですが、同時に労働力の維持という観点から、あってはならない弊害を捉えているともいえるでしょう(金栄美「近代日本における労働と娯楽の問題——明治末期から大正期まで」、『日本歴史研究』第三三集、二〇一一年六月(韓国語)、二一二—二一九頁)。

図を見ると、午前五時に出勤して、午後八

時になっても、疲れ果てた体でまだ工場の中です。午後十時、家で妻子が待っている様子ですね。午後十一時にようやく仕事が終わります。しかし、そのまま家に帰るわけではなく、酒を飲み始める。その結果、翌日の午前一時には留置場に入れられてしまったのでした。これでは翌日の仕事は無理ですね。この挿絵にはこんなキャプションが付いています。「労働者の罪か将《はた》また社会の罪か?」どちらの罪かは判然としません。しかし、労働者にとっては本人の不幸、工場側にとっては良質な労働力の維持を阻害される、という弊害があったことは間違いありません。

四　社会問題——むすびに代えて

「社会問題」は、一九世紀の末頃、日本の工業が発達していくなかで初めて登場した言葉です。それは、共同生活としての「社会」の崩壊につながりかねない問題を指すものです。今では使い古された言葉で、その幅も非常に広いわけですが、当時は今とは比較にならないくらい深刻な意味がそこにはありました。日本でこの言葉を初めて使ったのは、ドイツでの留学を終えて東京帝国大学教授に迎えられた金井延でした。金井はドイツで社会政策論を学んでいます。ヨーロッパでは、産業革命の後に、労働者問題が深刻化していきました。そこで、労働者問題、労働問題が最大の社会問題として議論されます。労働問題の解消はいろいろな方向で模索されました。その主流となったのが社会主義と社会政策です。「階級問題」としてその解消を推進すれば、社会主義化を目指すことになります。国家が労働問題という社会問題を解消するための政策に打って出なければ、社会主義への流れが強まる可能性がありました。そこで、その問題を解消するための「社会政策」が求められることになります。長時間労働を規制するなどして労働者を保護するというものです。

議論は多種多様ですが、なかには、「労働」をめぐる進んだ考え方も現れていました。すなわち、労働は確かに切り売りされる商品ではあるが、そこには労働者の全人格、肉体、悟性が含まれている。そういう意味で、労働とは人間自体の使用にほかならない、という考え方です。労働は人間の尊厳に関わるものであり、したがって労働を搾取することは、人間性を踏みにじる行為であるという、今の通念――とはいっても、それが無視され続けているのが現状ではありますが――はここに始まったわけです。

ヨーロッパで危機意識が労働者保護という社会政策の要請を生んだように、日本でも金井の帰国後の講演を皮切りに、社会政策学会が創設されるなどして、工場取締規則を要請する動きが活発化します。結局、一九一一年に「工場法」が公布されますが、施行はその五年後の一九一六年です。しかも適用対象は、常時一五人以上の労働者が使用されている工場に限られていました。ですから、工場の多くを占める小工場では延々と長時間労働が続かざるを得ませんでした。昭和の戦時期になると、「徴用」という制度が作られます。この制度のもとでは、労働は商品ではなく、一種の奉仕です。時間は流れても、それが貨幣になって戻ってくることはない、そういう時代もあったわけです。

さて、古き時代の労働は「唄に飾られていた」という言葉を想起してみましょう。そこには今とは違う意味での豊かさがありました。精神的な豊かさですね。現代社会の日本人は、労働時間外の余暇を利用してその豊かさを手にしようとします。しかし、やはり大半の人は毎日時間に追われ、長時間労働を強いられているというのが現状です。というより、近頃むしろ悪くなってきたというべきですね。ブラック企業とか過労死という忌わしい言葉を聞くことはもう日常になりました。「残業代ゼロ」という言葉も登場してきました。まったく理屈に合わないというわけではありませんが、社会的な不安を助長する言葉であることは間違いありません。

繰り返しになりますが、「時間」の問題とは、すなわち「労働」の問題です。近代に入って、人々は「時間」「労働」に強く束縛されてきました。古き時代に戻ることはもはやできないけれど、今のままでいいわけはない、そんな気持ちがふつふつと湧いてくるような気がします。「時間」からの解放、「労働」からの解放。これは現代人が夢とするに足る、価値あるものだとつくづく思います。

読書案内

岡田芳朗『明治改暦――「時」の文明開化』(大修館書店、一九九四年)

太陰暦から太陽暦へと移行した一八七二(明治五)年の改暦の経緯について詳細に解説した書。

角山栄『時計の社会史』(中公新書、一九八四年)

時計がつくる知的で抽象的な人工の時間が人々の生活とどう関わってきたかを、比較生活社会史的に考察した書。

E・S・モース（石川欣一訳）『日本その日その日』全三巻（東洋文庫、一九七〇年、一九七一年）
　明治初期の日本の何気ない日常を科学者の鋭敏な視線で観察したモースの日本滞在録。
渡辺京二『逝きし世の面影』（平凡社、二〇〇五年）
　幕末から明治初期にかけて外国人によって書かれたあまたの文献を渉猟し、それからの日本が失ったものの意味を問うた書。
橋本毅彦・栗山茂久『遅刻の誕生――近代日本における時間意識の形成』（三元社、二〇〇一年）
　時間規律の近代日本における起源、遅刻が遅刻として見なされるようになる由来について、様々な角度から考察した書。

第六章　太古の時を追い求めて

——時間と考古学

小杉　康

はじめに——私たちの時間感覚と時代認識

毎年、大学で考古学の授業を開講する際に学生たちに次のような質問をします。「縄文時代の終わりは、今から何年くらい前ですか」と。「何億年前」といった極端な年数を答える者も時にはいますが、「二〇〇〇年から三〇〇〇年ほど前」といった回答が最も多く、まずはホッとします。次にもう一つ、「では、縄文時代の始まりは何年前ですか」と問うて、愕然。なぜなら「二〇〇〇年から三〇〇〇年ほど前」と答える人が最も多いからです。さすがに受験勉強をしてきてあまり年数も経ってない段階なので、ともに正しい年数を答えられる学生も何人かいるにはいますが、不思議と大勢はこのような回答です。

このことから次のことを推論しました。私たちは二〇〇〇年前までの過去の年数に関してはかなりの正確さをもって答えることができます。しかし、二〇〇〇年よりも前の年数になると不正確になる、というよりもその問自体が実質的な意味をなさなくなり、それが三〇〇〇年前であろうが、三万年前、あるいは三〇〇万年前でも、その違いに実感をもてなくなるのではないでしょうか。理由はいくつか考えられます。高校までの日本史の授業で実際に数字の年代が出てくるのが、「仏教伝来」の五三八年あたりからであること。また、普段から西暦で「二千年」という数字を目にしていることも関係しているのかもしれません。

続いての質問。「今は何時代ですか」。あまり積極的な発言が返ってきません。そこで、「では、現代の前は何時代でしたか」という問いかけには、「昭和」あるいはご丁寧に「昭和時代」という声がいくつか挙がってきます。「では、その前は」と重ねると、もはや躊躇なく「大正時代」「明治時代」と続きます。さらに、この質問を重ねると、さすがに北大生、「江戸時代、安土桃山時代、室町時代、鎌倉時代、平安時代、奈良時代、飛鳥時代、古墳時代、弥生時代、縄文時代、旧石器時代」とよどみなく続きます。学生によって高校で使用した教科書は違いますが、皆がこのように学習してきたのです。北大生に限らず、世間の大方の人たちもこのような時代名称と順序であるという認識に変わりはないでしょう。

そこでもう一つ質問を重ねます。「このように列挙された時代名称に違和感を覚えませんか」と。今日日《きょうび》よろしく「別に」といったつぶやきを無視して辛抱強く待つと、「明治以降と江戸以前とが違っている」、あるいは「飛鳥時代以降と古墳時代以前とがおかしい」といった返答が出てきます。しめしめとほくそ笑み、その違いを解説します。「明治」以降が「元号」すなわち天皇在位の象徴として年に付けた名称を用いているのに対して、「江戸」から「飛鳥」までは政庁所在地の地名が時代名称となっており、主に文献を史料とする歴史研究で使用される名称であること。では「古墳時代」以前は何なのかというと、これは考古学の時代区分・名称であり、「飛鳥時代」以降の時代区分とは異なる原理で設定されていることを説明します。だからこそ、「古墳時代」と「飛鳥時代」との間は斜めにあるいは段をもって区切られ、かなりの重複した部分があることに注意を向けさせます。良い悪いは別にして、私たちの過去に向かっての時間軸は、公教育のお陰をもってこのように組み立てられているのです。ではなぜ、「東京時代」や「慶応時代」「元治時代」と呼ばないのか。なぜ、政庁がはっきりしない、あるいは存在していない段階に対しても同じ「時代」の名称をもって表現しているのでしょうか。

本稿ではこのような時代認識がどのように出来上がってきたかの一端を、考古学の時代名称である「古墳時代」以前について、特にそのうちでも「縄文時代」に焦点を絞り、太古の時間を求めて考古学者がいかに奮闘してきたかの姿とともに紹介します。そしてあらためて、考古学で取り扱うような長大な時間をもって人類について考えることの意義を、考えてみましょう。

一　考古学と時間

本題に入る前に、考古学研究で取り扱う「時間」には三つの局面があることを紹介します。

第一の局面は、遺跡や遺物の「年代」を知ろうとする試み、「これはいつのものですか」といった素朴でかつ重要な問いの形で現れてきます。考古学者はそれを相対年代法（relative chronology）と絶対年代法（absolute chronology）といった方法論に仕上げています。相対年代法とは「これはそれより新しい」とか「これはあれよりも古い」といったように、対象物の時間的な関係を新旧によって表示する方法です。それに対して、具体的な数字で過去の年代を表示することがありますが、これが絶対年代法です。これには二つの方法があり、当時の人たちが「その年」を知る手がかりを「文字」によって書き残した資料を利用する方法がその一つです。つまり人類史において暦や紀年法が発明され、それが文字で残されるようになった段階以降に適用できる方法です。その上限として最も古い年代は、古代エジプトにおけるおおよそ西暦紀元前三一〇〇年であることが突き止められています。

ちなみに、先に触れた元号は紀年法の一つで、君主の即位の年などを基準（元年）として、そこから何年経過したか表示する方法です。また、「西暦紀元何年」といったように過去の特定の年（一時点）を基準（紀元）として、そこから何年経過したか、あるいは何年遡るかを、数字（年数）をもって表示する方法もあります。今日でも神社にある石碑の裏面などに「二千六百年」といったような、西暦に慣れた人には未来の年数を垣間見たような驚きをもたせる年数を見かけることがありますが、これは戦前の日本国でよく使用されていた「皇紀」すなわち神武天皇の即位年から年数を数えたものです（口絵2）。一定の年数をひと回りとして循環する紀年法が干支です。十干《じっかん》（甲、乙、丙、丁、……）十二支（子、丑、寅、卯、……）の組み合わせで、六〇年で一周。埼玉県稲荷山古墳から出土した「金錯辛亥銘鉄剣」（口絵3）の「辛亥」がそれであり、十干の一つ「辛」と十二支の一つ「亥」とを組み合わせた年代を、西暦に対応させるとどこに当てはまるのか、西暦四七一年説が有力ですが、六〇年後の西暦五三一年説もあります。

これらとは原理がまったく異なるもう一つの絶対年代法が、一定の割合や速度で進行する自然現象を理化学的な手法で計測し、その値を年数に換算する方法です。自然界にある放射性炭素（炭素14）が一定の割合で減少する現象（放射性崩壊）を利用するのが放射性炭素年代測定法です。炭素14の補給が断たれた死亡した生物の体内では炭素14の減少が始まりますが、現在までどのくらいの炭素14が残っているのかを測定することによって、何年経過したのかを調べます。新たな計測技術を使って炭素14を測定する加速器質量分析（AMS; Accelerator Mass Spectrometry）法では約四〜五万年前まで調べることが可能になりました。その結果を「今（測定した年）から何年前」と表記すると、その年は毎年一年ずつ変わることになるので、放射性炭素年代測定法が最初に開発された年に近くて切りのよい一九五〇年を基準として、その時点から何年前とします。表記する際には、例えば「9450±400年B.P.」といったようにBefore Present（あるいはBefore Physics）の略号を付ける決まりになっています（「±何年」は誤差の範囲を示します）。放射性炭素年代測定法は、表記的には一九五〇年を紀元とする紀年法と呼べるかもしれませんが、絶対年代法としては先のような文字で記された年代によって知ることができる「実年代」に対して、あくまでも「測定年代」なのです。

第二の局面は、いわば「遺跡になった時間」(遺跡化した時間)とでも呼べるものです。それは何か。人類は大河の氾濫や天体の運行に規則性があることを発見し、それを文字で記録するようになります。以来、地球上のいくつかの地域では、主に天体の観測を基礎において、繰り返される一定の時間の長さを「年」や「月」をもって数えるいくつかの方法を発明します。そのような天体観測や時間の経過を計るための設備や構築物こそが、ここでいう「遺跡になった時間」です。例えば、古代マヤのピラミッド、カスティーヨは「暦のピラミッド」と呼ばれることがあるように、階層や階段の数、春分や秋分の日の太陽との位置関係などに、マヤ暦との強い関連性が見出されています(口絵4)。一九八一年、奈良県の飛鳥水落《みずおち》遺跡の発掘で水利遺構が発見されました。これは『日本書紀』の斉明六(六六〇)年五月に記載された「漏剋《ろうこく》」すなわち水時計に関連する遺構であると考えられています(口絵5)。

一つの河原石(石核《せきかく》)を打ち欠いて石器を作る際に、打ち剝がされた石屑が周りに飛び散ります。それを剝片《はくへん》と呼びますが、仮にそれらをすべて集めて、つなぎ合わせると元の一つの河原石に戻ります。しかし実際には、出来上がった石器や石器の素材となる形のよい剝片は当時の人がそこから持ち去っているので、口絵6(左)に見るような、かなりきわどい接合状態を呈しています。これを個体別資料と呼びます。「一つの剝片を打ち欠く」といった零点何秒といった時間が繰り返され、石器は作られます。現在の考古学者は、その過程を逆にたどって石器製作の工程と技術を復元します。と同時に、石器を作った当時の人たちにとっては、その石器の製作技術は何世代にもわたって伝承されたものです。現在知られている最古の石器は、アフリカの西ゴナ遺跡で発掘された二五〇万年前のもの(礫器《れっき》)です。大局的に見るならば、日本列島において後期旧石器文化の二万年ほど前の「ナイフ形石器」(口絵6右)が作られた際に、おおよそ二百四十数万年といった石器作りの伝統とコンマ何秒といった振り下ろされた一撃とが、石核の上で交差したのです。考古学者はそこから「技術」という形で瞬間の行為と気の遠くなるような長さの伝統を読み解きます。考古学者の取り扱う時間の第三局面です。

二　「石器時代」への覚醒——E・S・モース

一八七七年、腕足類《わんそくるい》の研究(標本採集)をするために自費で日本に調査に来た米国の動物学者エドワード・S・モースは、下船した横浜から開業したばかりの鉄道に乗って東京府の新橋駅に向かいました。途中、「大井村」に入ったところで、列車の窓から、線路の敷設のために切り崩された丘の斜面に貝塚を発見しました。これが後に「大森貝塚」として知られる、日本の近代考古学の幕開けを告げる遺跡です。来日したモースは請われて東京大学のいわゆる「お雇い外国人教師」を二年間務めます。その間に大森貝塚を発掘し(一八七七年)、発掘調査報告書'Shell Mounds of Omori'を日本の大学における最初の研究紀要として一八七九年に刊行します。考古学史上では、これをもって近代科学としての日本考古学の始まりとしています。また、大森貝塚から出土した「食人」

の証拠とされた人骨資料は、当時、来日している外国人研究者を中心として関心が高まっていた「日本人」や「アイヌ」の人種的あるいは民族的な系統の問題に火をつけて、世間一般の耳目を集めることになる「石器時代人は誰なのか」といった人種・民族論争に拍車をかけることになったと論評されています。ちなみに、モースはアイヌ以前に日本に住んでいた人たちを石器時代人と考え、「プレ・アイヌ説」と呼ばれています。

一方、チャールズ・ダーウィンの進化論の学説を支持していたモースは、日本にはじめて進化論を体系的に伝えた人物でもあり、さらに三時代区分法に基づく時代認識も紹介しました。三時代区分法とは一八三六年にデンマークの考古学者クリスチャン・トムセンによって考案された時代区分法で、人類の過去を使用された利器の素材に着目して三つの時代、すなわち古い方から順に石器時代、青銅器時代、鉄器時代に区分する方法です。一八六五年にはイギリスの考古学者ジョン・ラボックが石器時代を絶滅動物が生存していた段階の「旧」石器時代と石器製作に磨製の技術が登場する「新」石器時代とに区分することを提唱し、都合四つに分けます。また、ラボックはその三年後に新石器時代の定義として墳墓や土器、家畜、農耕、織物の存在を加えています(Lubbock 1868, p. xxiii)。モースが紹介したものはこの四時代区分であり、当時の訳語としては「第一粗石世界」「第二磨石世界」「第三銅世界」「第四鉄世界」と表現されています(一八七八年『なまいき新聞』三号・四号:モースの講演の筆記録)。そしてモースは大森貝塚を新石器時代に該当する磨石世界だと考えました。

モースと大森貝塚の考古学上の評価は、上述のように近代日本考古学の幕開けと人種・民族論争の口火役になったという点に集中しますが、時、江戸から明治へと移ったばかりです。幕末・明治初期、世間の人たちの歴史観、過去に向けての年代観がどのようなものであったかを考えなければなりません。当時、日本史の教科書として最もよく使用されていたものの一つである『国史略』(岩垣松苗著、初版は一八二六(文政九)年)では、神代から始まり、人皇に至り、神武天皇から順次、歴代天皇の名前と事績がつづられてゆきます。一八七二(明治五)年、学制が頒布された後に小学校用歴史教科書として刊行された『史略』の第一巻「皇国」でも同様に、神代から人代へ至り神武天皇が登場し、以下一二二代にわたる天皇の歴代記となります。当時の一般の人たちにとっての衝撃的な認識は、興味本位の人種・民族論争ではなく、その前提となる「日本にも石器時代が存在したのだ」といった〈石器時代への覚醒〉であったのであり、それこそが天皇制を中心とした富国強兵の近代国家の建設を目指す大日本帝国に対してモースがもたらした最も大きなインパクトだったのではないでしょうか。

なお、大森貝塚で発見された土器は、今日、縄文土器とされるものですが、未だ「縄文時代」の名称も登場しておらず、「日本石器時代」あるいはたんに「石器時代」「貝塚時代」と呼ばれていた段階でした。

モースは大森貝塚の年代について、『日本書紀』などの日本で最も古い歴史書にも該当する記述がないので、相当に古いものであると考えましたが、その具体的な年代については触れていません。ただし、前述の磨石世界の年代を「三万年以前」であると述べているので、磨石世界に該当する大森貝塚、すなわち日本の石器時代についても、そのような年代観をもっていたことがうかがえます。だが、そのことは当時においてもあまり意識されていませんでした。

三　石器時代三〇〇〇年説——坪井正五郎

昭和も一四年になって、次のような回顧談がつづられます。

ジョン・ミルン氏の年代は以上のごとくであるが、これを三千年以前とせられたのは、全く我が師坪井正五郎先生である。これは今日文献として残って居らないが、私が東京帝国大学理科大学助手時代に坪井先生から直接聞いた所であり、当時私は先生に向かって大いに抗議したくらいである。然るに先生は平気にジョン・ミルン氏のいわゆる二千年以前とせば、我が国紀元よりも新しくなる、むしろ三千年とせばよかろう……との立場から三千年とせられたのであって、これが今日まで伝承せられて、我が国の石器時代の年代は三千年とあたかも人類学的・先史考古学的に確定したようになったのである。

（鳥居一九三九〔全集一九七五、五九九頁〕）

書き記したのは鳥居龍蔵《りゅうぞう》、文中の「我が師坪井正五郎」とは、明治の人種・民族論争の別名ともいえる「コロボックル論争」の立役者となった人物です。「ジョン・ミルン氏の年代」とは、明治期、東京大学に招聘された地震学者のジョン・ミルンが提示した大森貝塚の推定年代のことです。ミルンは東京湾に注ぐ隅田川河口における堆積速度を、絵図を利用して計算し、その値を参考にして多摩川の河口近くに位置する大森貝塚から現在の海岸線が形成されるまでの年数を算出しました。一八八〇年の論文では大森貝塚から海岸線までの距離を「約半マイル」として、堆積速度を「一フィート／年」で計算し、二六四〇年という年数を求めています（Milne 1880）。翌一八八一年の論文では、大森貝塚から現在の海岸線までの距離が堆積するのと同じ年数がかかったと想定される、多摩川の本流域における同様の距離（六一六〇ヤード）を「二ヤード／年」の堆積速度で割って、三〇八〇年という年数を求めています（図６-１）。そして多摩川の堆積速度の方が大きいと考えて、いずれの場合も計算で求めた年数よりも短くなる、具体的には二〇〇〇年前以降または最大三〇〇〇年前〜最小一五〇〇年前、と述べています（Milne 1881）。

また、「二千年以前とせば、我が国紀元よりも新しくなる」とは、一八七二（明治五）年の太政官布告で暦法がそれまでの太陰太陽暦から太陽暦へと改められ、明治五年一二月三日が明治六年一月一日になるとともに、その年を神武天皇が即位してから「二五三三年」としたこと、すなわち西暦に換算すると西暦紀元前六六〇年となる神武紀元よりも石器時代が新しくなってしまうことをいって

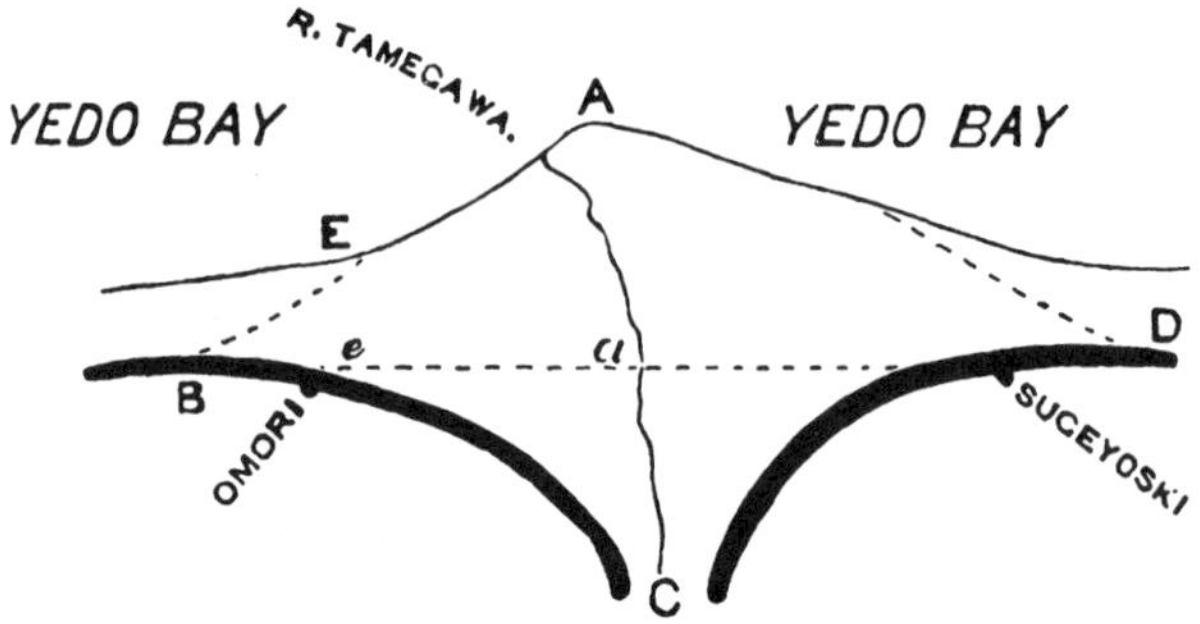

図6-1　ミルンによる大森貝塚の年代推定

出典）Milne, J.(1881)

います。それがなぜまずいのか。「神武天皇が石器時代人ということになる」(吉岡・長谷部一九九三、四九頁)からではありません。神武東征の日本神話に従うならば、神武天皇が征伐したのが土着の荒ぶる神々や豪族、石器時代人であっても何ら不敬にはあたりません。問題なのはそのような年代観だと、石器時代の研究が新国家の根幹に据えた天皇の起源に直接触れてしまうからです。それを避けるために、まさに石器時代を皇紀元年よりもさらに旧く、ミルンの算定の最大値である三〇〇〇年前をとることを坪井に選ばせたと思われます。

コロボックル論争にアイヌ説側で参戦して坪井に対抗した人物の一人に森林太郎がいます。森鷗外その人です。後年、鷗外は坪井をモデルにしたといわれる短編小説『かのように』を執筆します。この小説は山形有朋から危険思想対策のために求められて書いた小説であるというのが通説になっています(唐木一九六四、五〇五頁)。主人公に「神話を歴史である「かのように」していくことが、「これ位安全な、危険でない思想はないぢやないか」と語らせている」(勅使河原一九九

五、七九頁)といったような評価が定番です。コロボックルとはアイヌの伝説に登場する矮小人のことです。そのために、荒唐無稽な説であるといったり、現実ばなれしたコロボックル説、虚像といったりした厳しい批判もしばしば目にします。だが坪井は「コロボックル」という名称をもって、アイヌ(の祖先)よりも前に日本列島に住んでいたと考えた石器時代人のニックネームにしたようなもので、そのような矮小人が実在したことを論じてはいません。坪井のコロボックル説の集大成である『コロボックル風俗考』(一八九五—一八九六)に対しては、「実証的な研究の成果から導き出されたものではなく、遺跡や遺物の表面的な認識、つまり風俗論的認識以上のものではなかった」(勅使河原一九九五、四五頁)といった酷評がなされることもありますが、〈石器時代への覚醒〉をもたらしたモースの大森貝塚から十数年しか経っていない段階です。今日の縄文文化像を先取りするような多くの内容が議論されており、当時にあってどうしてそこまで書き込めたのか、そのことに驚嘆します。先の石器時代三〇〇〇年前説をとったことと考え合わせると、伝説を歴史であるかのように語ったのではなくて、坪井は〈石器時代人がコロボックルであるかのように〉記述したのであり、当時の官憲はもとより後世の考古学者にも気づかれずに石器時代のことを縦横に論じ得たのです。その意味で筆者は縄文文化の最初の概説書であると評価しています(小杉二〇一一)。

ミルンに関する同様の内容の記事を鳥居は一九二五(大正一四)年にすでに書き記していますが(鳥居一九二五[全集一九七五、一九四頁])、先の引用出典からうかがえるように昭和十年代になってもまだ石器時代三〇〇〇年前説が世間一般に浸透しているとともに、未だ「縄文時代」は登場せず「石器時代」の名称が使用されていた状況でした。

四　新石器時代の年代――浜田耕作

東京大学在籍中であった一青年は、「日本石器時代人民の紋様とアイヌの紋様に就て」（一九〇三〔明治三六〕年）などの論文を発表し、コロボックル論争に参戦します。後に、京都帝国大学に日本の大学で初となる考古学講座を開設し、やがて同帝大の総長になった浜田耕作です。その浜田が一九二二（大正一一）年に著した『通論考古学』は非常に優れた内容の考古学概説書で、今日でも高く評価されています。その中で日本の石器時代は新石器時代であり、また新石器時代の始まりの年代としては一二〇〇〇年ないし一四〇〇〇年前と述べています。その根拠については「クリート島（補註：クレタ島に同じ）クノソスに於けるミノス時代の層は十七呎《フィート》あり、其下に新石器時代の層二十呎乃至《ないし》廿六《にじゅうろく》呎あるを見る。而してミノス時代の層は埃及《エジプト》遺物により略年代を明にす可きを以て、今ま之と同比例を以て新石器時代の層も出来たりと仮定せんか、約一二〇〇〇乃至一四〇〇〇年の古さを推測す可し。（エヴァンス氏に拠《よ》る）」（浜田一九二二〔雄山閣版一九八四、一六五―一六六頁〕。傍点は小杉）という記述があります。「エヴァンス氏」とはギリシャ・クレタ島のクノッソス宮殿（青銅器時代ミノア文明）を発掘したイギリスの考古学者A・エヴァンス。浜田はエヴァンスのこの見解をC&H・ホーズの著書『クレタ』（一九二二）から引用しているようですが、一部不正確なところがあります。「十七呎」は歴史時代とミノア時代との堆積層の厚さであり、これがメートル表記で五・三三m、その堆積に約五〇〇〇年の経過を要し、約一m／千年といった堆積速度を算出します。その下の新石器時代の堆積層が「二十呎乃至廿六呎」で同じく六・三四mあるので、クレタ島における新石器時代の始まりは、六・三四m＋五・三三m＝一一・六七≒一二mで、一m／千年の堆積速度で一二〇〇〇年（B.C. 10000年）となります（Hawes 1922, p.15）。ただし、この年代が直ちに日本の石器時代＝新石器時代の始まりの年代であるかは、明言されていません。一方、日本石器時代の終わりの年代については、王莽《おうもう》（補註：古代中国、新朝の皇帝）の頃、すなわち西暦紀元一世紀頃を想定しています。浜田は「我が石器時代若しくは金石併用時代の年代は、我国に文献を欠くも近時筑前丹波等の遺跡より発見せる王莽の貨泉《かせん》（補註：王莽の時代に作られた貨幣の一つ）によりて、其の絶対年代推定の一資料を得たり。」（浜田一九二二[雄山閣版一九八四、一六九頁]）と記述していますが、別のところで「日本に於いては石器時代のものとして縄紋土器あり、次いで弥生式土器あり」（浜田前掲書、六二頁）と述べているので、石器時代の終わりすなわち〈石器時代（＝弥生式土器）もしくは金石併用時代〉の年代は、結局、西暦紀元一世紀頃まで続くと考えていました。この記述内容は、当然、一九一八（大正七）年に富岡謙蔵が弥生式土器と伴出する中国製の古鏡が前漢代や王莽代前後のものであることを突き止めた研究成果を前提としています（富岡一九一八）。

一九二九（昭和四）年、浜田は考古学の啓蒙書として日本児童文庫第五四巻に『博物館』（後に『考古学入門』に改称）を執筆します。日本の石器時代がまず新石器時代に該当すること、その終わりの年代を「よくはわかりませんが、すくなくとも今から二千年程前まで石器の使用が残っていた」と述べ、また「その前の二・三千年間ぐらいも石器時代であった」(浜田一九二九[引用は浜田一九四一、一〇〇頁])と、すなわちその始まりの年代は四〇〇〇〜五〇〇〇年前であると記しています。ここに至って、石器時代が「時間幅」として理解され、坪井以来の石器時代三〇〇〇年説の年代(「時点」)はその時間幅の内に収まることになりました。先の鳥居の発言(一九三九年)を考慮するならば、日本石器時代のこのような年代観がどこまで普及していたかは不明ですが、新たな年代観への理解の進展の兆しが認められます。

そこで問題となるのが、先の著作ではクレタ島における新石器時代の始まりが一二〇〇〇年(ないしは一四〇〇〇年)なのに、新石器時代にあたる日本の石器時代の始まりの年代がなぜ四〇〇〇〜五〇〇〇年ほど前なのか、といった点です。この問題を解決するのには、同時代に刊行された他の考古学の概説書が参考になります。『考古学講座　第一四巻　欧州旧石器時代・欧州新石器時代』(一九二九)では「欧州新石器時代」の中に「中石器時代概説」の一節を設け、「茲《ここ》にいう新石器時代は、ロード・エーブリ(補註：J・ラボックのこと)時代の新石器時代とは多少範囲が異なっている……その後研究が進むにつれて、旧石器時代の文化が、次第々々に移り変わって、新石器時代の文化に変じて行くところの、一時期の存在を明かにすることが出来る様になった。即ち旧石器時代より新石器時代への、文化の過渡期であって、これを中石器時代 Mesolithic Period と呼ぶ」(宮坂一九二九、三頁)と記されています。『世界歴史大系　一　史前史』(一九三四)では「中石器時代」の章をたて、

「中石器時代なる文化期の研究は、欧州大戦後に、主として、設定されたもので、僅に二十年足らずの月日しか経ていない。……然るに中石器文化に関する纏《まとま》った文献は殆んどなく、勿論《もちろん》、邦文のものは皆無である」（池上一九三四a、二八一頁）と述べ、それが「欧州を中心とした文化」であることを付け加えています。また、中石器時代文化の特徴として「明瞭な漁撈始原、家畜始原、及び土器製作始原あり、又、貝塚及び竪穴住居遺跡等旧石文化には見られなかった遺跡の発達を見る」（池上一九三四b、三五八頁、補註：「旧石文化」とは旧石器文化の意）点を挙げています。ただし、家畜に関しては犬のみが想定されています。これを前掲のラボックが新石器時代の特徴として追加したものと比較すると、農耕と犬以外の家畜、織物が未だ登場してきていない段階であることがわかります。以上のことから、浜田は最新の研究成果をふまえて、日本においても中石器時代に相当する一定の時間幅を想定し、新石器時代である日本石器時代の開始を今から四〇〇〇～五〇〇〇年前と遅らせたのでしょう。

なお、同講座本で大山柏《かしわ》は欧州における新旧石器時代の年代観を、マルスラン・ブールの著書『化石人類』（一九二三）に付された推定年代の一覧表を一部改変しながら引用して、「多くが旧石器始期を二・三十万年前ぐらいに考え、其末期だけは略一致して、約一万年前に終ったものと考えられて居る」（大山一九二九、六頁）と解説しています。確かにブールは一〇〇〇〇年前をもって、フランスにおいて氷河期が終わり、トナカイが去り、表層の泥炭が形成され始め、そして新石器文明の最初の証拠が現れるとしました。面白いことには、後氷期の始まりの年代に関する多くの推定方法のうちでも「最も精巧で安定している方法の一つは、スカンジナビアの最終氷期の氷河が後退する割合を測定したスウェーデン人のゲールによるもの」(Boule 1921［英訳版 1923, p.61］)であり、その値として一二〇〇〇年前を示しています。ブールが引用している文献はジェラード・ゲールの「過去一二〇〇〇年間の地質年代学」(一九一〇)です。最終氷期の氷河湖の跡にできた木材の年輪に似た層状の堆積(ヴァーブ、氷縞粘土《ひょうこう》)を適宜つなぎ合わせることで求めた絶対年代であり、実年代に近似した精度の高い年代値を期待できます。ちなみに、前出のエヴァンスの新石器時代の始まりの年代値一二〇〇〇年前はブールの一覧表には入っていませんが、ゲールの推定した後氷期の始まりの年代と見事に一致しています。

浜田が中石器時代の存在を考慮したことが、日本の石器時代の始まりを遅らせた理由であることが推測できました。では四〇〇〇から五〇〇〇年前といった具体的な年代はどこから出てきたのでしょうか。その答えは、浜田の年代観を引き継いだ山内清男の業績から探ることができます。

五　縄文土器型式編年の年代学――山内清男

一九三二(昭和七)年から翌年にかけて、縄文土器の編年研究における新進気鋭の研究者、山内清男《やまのうちすがお》は「日本遠古之文化」と題して雑誌『ドルメン』に七回に分けて発表した論文のなかで、最古の縄文土器の年代を「西紀前二十五世紀」頃に求め、それに関連して謎めいたことを述べています。

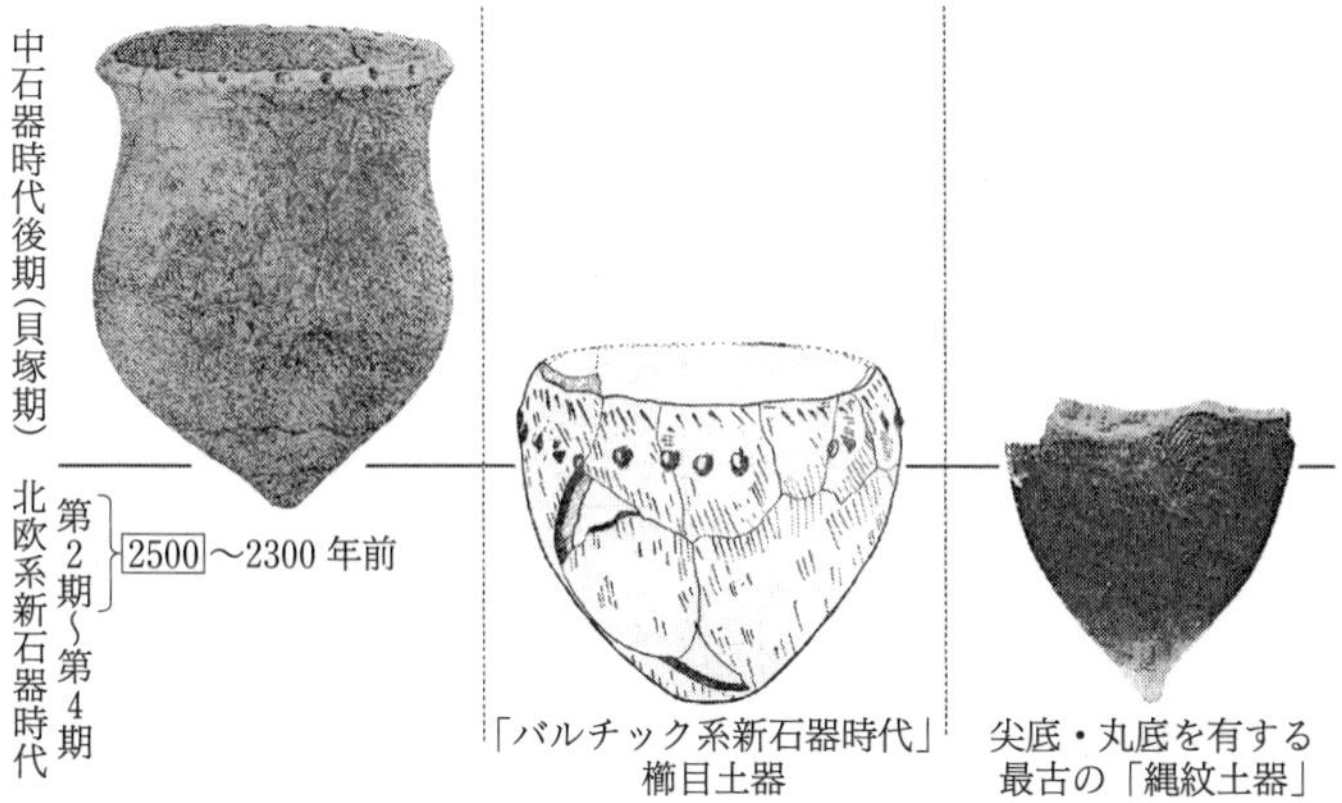

図6-2　文化伝播論による推定年代（1932年）

出典）山内清男（1932b）、宮坂光次（1929）より作図

それは「その古さは弥生式よりも縄紋土器約三十型式だけ遡った年代である」（山内一九三二b、九〇頁）というものです。まず、最古の縄文土器の年代についてですが、それは浜田が四〇〇〇〜五〇〇〇年前と述べた日本の石器時代の始まりの年代と同じ意味であり、その値も近似していますが、さらに西暦紀元前二五世紀とより具体的です。これは当時、最古と考えられていた条痕の付いた尖底の縄文土器（住吉式など）が、朝鮮半島の丸底の有紋土器と、さらにシベリアの櫛目土器と、そして北欧の「貝塚期」の土器と関連することから、導き出された年代です（図6-2）。この中で最も年代が遡る北欧の貝塚期は「中石器時代後期」に相当し、次いでシベリアの櫛目土器は「バルチック系新石器時代」（ノルウェー西海岸からウラルアルタイ地方まで）のもので、「北欧系新石器時代」（スウェーデン南部とデンマーク）の第二期から第四期に相当します。この第二期は暦年

代が判明しているギリシャやエジプトとの関係から、西暦紀元前二五〇〇〜二三〇〇年あるいはより古い年代が推定されています。まさにこの年代が最古の縄文土器の年代、すなわち日本の石器時代の始まりの年代として想定されたのです。なお、「バルチック系石器時代」は年代的には新石器時代ですが、狩猟漁撈の文化であると考えられていました。山内も縄文土器の時代を新石器時代として捉え、ただし農業は行われず、狩猟漁撈、植物性食料の採集が生活手段であると考えました。これらの点に関しては、山内の伝播主義的傾向が垣間見られます。

一九三七(昭和一二)年、山内清男が提示した一枚の編年表「縄紋土器型式の大別と細別」は、一八七七年のモースによる大森貝塚の発掘以来積み重ねられてきた日本の近代考古学における石器時代研究の成果のすべてを凝集するものであるといっても、あながち誇張にはならないでしょう。日本列島を「渡島」から「九州」までの九つの地域に区分し、各期にはほぼ同数の「型式」(土器型式)を当てはめた編年表です(表6-1)。型式とは「地方差、年代差を示す年代学的の単位」(山内一九三二a、四一頁)であり、「型式は益々細分され、究極まで推し進むべきである」ことが宣言されます(山内一九三七[引用は山内一九六七、四六頁])。自然現象ではない、人間が作り出した土器の型式のすべてに同じ時間幅を期待することは無理です。しかし、土器型式を時間的に細分して小さくすればするほど、それぞれの時間差はどんどん小さくなるはずです。そのようにして求められた究極の「細別型式」を同数集めたものを「大別」と呼ぶならば、それらの大別(早期・前期・中期・後期・晩期の五大別)どうしにもほぼ同じ時間幅を認めることが可能になります。これが山内の発想、「年代

表 6-1　山内清男による年代的組織としての「縄紋土器型式の大別と細別」

	渡島	陸奥	陸前	関東	信濃	東海	畿内	吉備	九州
早期	住吉	(+)	槻木 1 〃 2	三戸・田戸下 子母口・田戸上 茅山	曾根？× (+)	ひじ山 粕畑		黒島×	戦場ケ谷×
前期	石川野× (+)	円筒土器 下層式 (4 型式以上)	室浜 大木 1 〃 2a、b 〃 3−5 〃 6	蓮田式 {花積下・関山・黒浜} 諸磯 a、b 十三坊台	(+) (+) (+) 踊場	鉾ノ木×	国府北白川 1 大蔵山	磯ノ森 里木 1	轟？
中期	(+) (+)	円筒上 a 〃 b (+) (+)	大木 7a 〃 7b 〃 8a、b 〃 9、10	五領台 阿玉台・勝坂 加曾利 E 〃 (新)	(+) (+) (+) (+)			里木 2	曾畑・阿高・出水 } ？
後期	青柳町× (+) (+)	(+) (+) (+) (+)	(+) (+) (+) (+)	堀之内 加曾利 B 〃 安行 1、2	(+) (+) (+) (+)	西尾×	北白川 2 ×	津雲上層	御手洗 西平
晩期	(+)	亀ケ岡式 {(+)・(+)・(+)・(+)}	大洞 B 〃 B−C 〃 C1、2 〃 A、A′	安行 2−3 〃 3	(+) (+) (+) 佐野×	吉胡× 〃 × 保美×	宮滝× 日下×竹ノ内× 宮滝×	津雲下層	御領

原注）1. この表は仮製のものであって、後日訂正増補する筈です。
2. (+)印は相当する式があるが型式の名が付いて居ないもの。
3. (×)印は型式名でなく、他地方の特定の型式と関聯する土器を出した遺跡名。

出典）山内清男(1937)

的組織」です。その後、太平洋戦争の時期をはさみ、新たな土器型式もさらに発見され、それぞれの細分もますます進められた結果、「草創期」の大別を新たに加えた六大別には、それぞれ八〜一〇個ほどの細別型式が属することになりました。そこであらためて求められた縄文土器の始まりの年数は、「矢柄研磨器《やがらけんまき》」を対象とする「交差年代決定法」に類する方法によるものでした。

交差年代決定法とは、二地域間の同時性を確定するための考古学独自の方法です。A地域のαがB地域にもたらされ、そこでB地域のβと共伴状態で発見されたとします。これによって、地域A—B間においてαとβとの同時性の可能性が高まります。さらに、それとは反対に、B地域からA地域にもたらされたβが、そこでαと共伴状態で発見された場合、その同時性の信頼は確かなものになります。仮にA地域ではαが製作された時期に暦年代がすでに使用されている場合、A地域のαの暦年代をB地域のβに与えることができます。山内は、ギリシャ・トロイ遺跡の第2層とシベリア（キトイ期）と縄文草創期（岐阜県椛《はな》の湖《こ》遺跡）とにともに矢柄研磨器が存在することに着目し、「交差年代決定法」によってエジプトからギリシャに移されていた暦年代を、日本列島へと取り込んだのです（図6-3）。その結果、縄文土器型式編年の草創期のはじめにあらためて西暦紀元前二五〇〇年の年代を与えることになりました。晩期の終わり、すなわち弥生式土器の始まりの年数については、おそらく前出の富岡らの研究業績をふまえて西暦紀元前一〇〇年とします。その間二四〇〇年間が縄文土器の存続した期間になります。これを先の原理によって均等な時間幅が想定される大別六期に割り振り（二四〇〇年÷六期＝四〇〇年／大別）、さらに細別型式には各四〇ないしは五

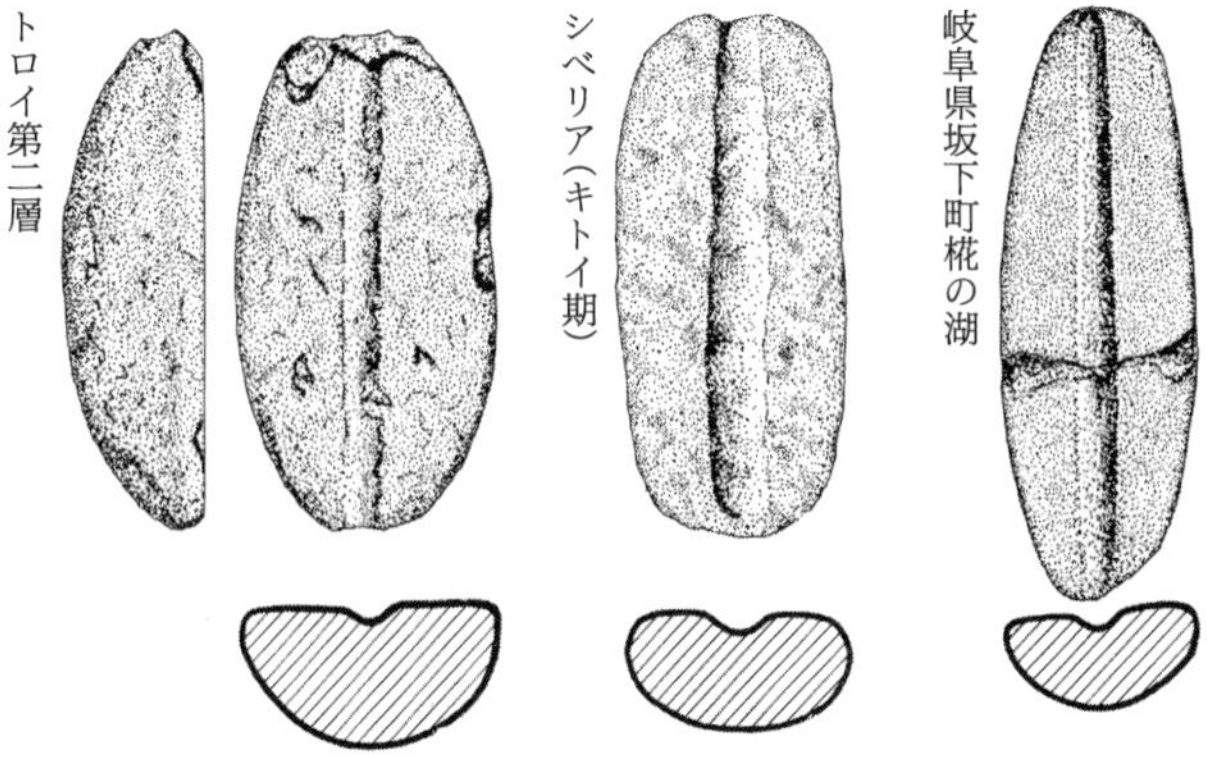

図6-3　矢柄研磨器による「伝播年代推定法」(1969年)

出典) 山内清男(1969)

〇年(四〇〇年÷(一〇〜八型式)＝四〇〜五〇年／細別)といった年代が与えられました。他の先史文化研究に例を見ない、「相対編年表」を「絶対編年表」へと変換する空前絶後の方法を試みたのです。時、すでに昭和も三七年(一九六二年)になっていました。

弥生式土器は石器時代の土器、すなわち縄文土器の他の土器型式よりも層位的に新しいことが確かめられ、さらに大陸側からもたらされた青銅器や鉄器などを伴って出土することも確認されると、石器時代と古墳時代とが並行する「金石併用時代」の土器として認識されるようになりました。やがて弥生式土器の編年体系が整い始めると、弥生式土器の時代の呼び方は古墳時代に先行する「弥生時代」へと変わってゆき、一方でそれよりも時間的にさらに先行する石器時代には、一九五〇年代に入る頃から「縄文時代」の名称が次第に使用されるようになりました。

六　放射性炭素年代測定法の登場――「短期編年」対「長期編年」

一九五〇年代までに、アメリカ・シカゴ大学のウィラード・リビーらは放射性炭素(炭素14)を用いた年代測定方法を開発しました。日本でも一九五九年には、当時、最古の縄文土器であった撚糸《よりいと》文《もん》土器の年代が放射性炭素年代測定法によって測定され、九〇〇〇年前を上回る絶対年代(9450±400年B.P., 9240±500年B.P.)が発表されました。一九六〇年代後半になると、さらに古い縄文土器である草創期の隆線文土器が発見され、同様に一二〇〇〇年前に達する測定年代が報告されました(長崎県福井洞窟遺跡)。ここに「縄文時代」の始まりの年代を約四五〇〇年前とする山内の「短期編年」説と、放射性炭素年代測定法によって一二〇〇〇年前とする「長期編年」説とが対立する状況が生じました。その後も引き続いて炭素14の年代測定は計測例を重ね、「縄文時代」の各期、各土器型式に絶対年代を与えるようになってゆき、放射性炭素年代測定法による年代観が多くの支持を得るようになりました。その年代観は、氷河期が終わり、地球全体での気温の上昇に伴って生じた自然環境の様々な変動にいかに人類が適応していったかという後氷期《こうひょうき》適応の観点からも、「縄文時代」の始まりを説明するのに好都合でした。事実上、短期編年説が誤謬に終わった理由は、山内が矢柄研磨器で最古の縄文土器の暦年代を求めた方法が実際には交差年代決定法ではなく、考古資料の類似度をもって同時性の根拠としたいわば「伝播年代推定法」というべきものだったからです（山内一九六九）。

一九九九年、青森県大平山元《おおだいやまもと》I遺跡で発見された「無文《むもん》土器」に付着した炭素をAMS法で測定した結果、一六五〇〇年前という絶対年代が得られ、「縄文時代」の開始の時期を最終氷河期の終わり頃（晩氷期《ばんひょうき》）よりもさらに遡らせる必要性が議論され始めました。こちらも、縄文文化の開始のシナリオを後氷期適応だけでは説明しきれない状況に至っています。一方、最近までの研究で西暦紀元前四五〇〇年頃へと引き上げられていた「弥生時代」の開始年代を、AMS法による新たな測定の結果、さらに五〇〇〇年ほど引き上げて西暦紀元前一〇〇〇年とする年代が提起されて、その適否をめぐって議論が活況を呈しています。そんななかで、縄文土器型式編年の役割もすでに終わったという声もちらほら聞こえてきますが、いかがなものでしょうか。

放射性炭素年代測定法によって実際に測定する資料の点数を増したとしても、考古学研究の対象となるすべての資料を計測することは不可能です。一遺跡を発掘しただけでも何千点あるいは万で数えるほどの数量の破片となった土器、石器、その他の資料が出土します。それらのうちの何点かを測定して得られた絶対年代を、他の資料に対してどの範囲まで適用できるのかは、発掘時に確認された伴出状態と土器型式といった類型概念とに頼るほかはありません。同様なことは遺跡間の検討においても言えることで、細分された土器型式の存在なくして同時性の確認を前提とした研究を進めることはできないのです。山内の求めた縄文土器型式編年に付された絶対年代は否定されてしまいましたが、相対編年である縄文土器型式編年そのものは、今日まで続く新たな土器型式の発見と既存の土器型式のさらなる細分の試みによって、絶えずその精度が保証され、かつ高められていることに変わりはありません。離散的な「時点」の集合にすぎない自然科学的方法による高精度の測定年代も、縄文土器型式編年(表)に取り込まれることによって、考古資料に絶対年代を効果的に与えることができるのです。

おわりに

考古学者は、私たちの日常的な時間感覚で何とか対応できる二〇〇〇年間といった時間の長さをはるかに超えて、日々研究に取り組んでいます。日進月歩ならぬ秒進分歩といったような目まぐるしいほどの技術革新の昨今、学問としては必要であっても実際にそんな時間感覚が一般の人たちに必要なのか、といった現実的な問いかけがすぐにでも返ってきそうです。それに対して一言。

フィンランドで制作されたドキュメンタリー作品『オンカロ』が、二〇一〇年に国際環境映画祭(パリ)でグランプリを受賞しました。「オンカロ」とはフィンランド語で「隠し場所」を意味する、五〇〇mといった大深度の地下に設けられた核燃料廃棄物の最終処分場所のことです。廃棄物の出す放射線が生物にとって安全なレベルに低下するまでに一〇万年の時間がかかります。一〇万年の歳月のうちには今の人類が姿を消し、その後現れる未来の知的生物が処分場に侵入したり、放射線が漏れ出したりして被爆するといったSFのようなシナリオを、計画を進める国や事業者、科学者は想定して、その対策案を真剣に議論する姿が映し出されます。その真摯な姿に胸を打たれますが、少し時間が経つと滑稽にも思えてきます。一〇万年という時間の長さと人類との関係を、実感をもってどのように考えているのでしょうか。今日の科学技術の進歩と環境破壊などの負の要因とを天秤にかけたならば、決して楽観した未来像は描けないかもしれません。人類がもはや存在していない未来に対して、次なる知的生物への心配をしようとするのであれば、その前になぜ、核燃料廃棄物ありきを前提とせずに、人類が存在しなくなる状況を回避するための対策に思慮をめぐらせないのでしょうか。一〇万年といった時の長さが、私たちの思考を実質的に停止させてしまっているのではないでしょうか。人類史における一〇万年は決して架空の長さではありません。人類の誕生から、すなわち進化の系統樹上で人類の祖先とサルの祖先とが分岐して七〇〇万年が経過したと考えられています。考古学や化石人類学などに携わる研究者は、その間の過程を数千、数万、数十万、数百万年といったオーダーでリアリティーをもって議論しています。今回取り上げた縄文文化でもたかだか一万数千年の時間の経過にしかすぎません。当然、リアリティーのある議論が必要です。

最後に、「時間」に関する考古学の用語法の問題を一つ話題にして本稿を閉じることにします。本論では学史的な検討を行ってきたので、その時々に使用された用語法を尊重して、できるだけそのままの形で用いてきました。ここで注意したいのは「時代」の使い方です。「縄文時代」を例にしましょう。現在、概説書でも、そして専門の論文においてさえも、「縄文時代」と「縄文文化」とは、文脈に応じて適宜使い分けられているのが実状です。多くの場合、執筆者に使い分けに対する明確な意図があるわけではなく、かなり感覚的に書き分けられています。時間的なことに関する文脈では「縄文時代」が多くなり、空間的なニュアンスが必要な時には「縄文文化」を使う傾向があるようです。これが一文の中でも頻繁に書き分けられていますが、書いた当人はおそらく自覚していないでしょう。

私は、現在、自分の文章としては「縄文時代」とは表記せず、「縄文文化」で通しています。本論中では、学史的な流れのなかでの説明であったので、読者のわかりやすさを優先して、かぎかっこ付きで「縄文時代」も使用しました。考古学で使用する「文化」とは、天平文化や元禄文化の「文化」とは異なり、生活様式や生活全般に対応するものです。さらに専門的に限定するならば、それらを表示する考古資料の一定の組み合わせのことです。それに対して、「縄文時代」の「時代」は、本文中で紹介した一九世紀の前半に登場した三時代区分法における「石器時代」や「青銅器時代」の「時代」に対応する相対的な時間を表示する用語です。当時は、「今から何年前」といったような絶対年代をもって過去の時間を表現できなかったために使用された用語でもあり、その「時代」という表記の内には、それが「石器時代」ならばなおさらのこと、〈年代的な古さ〉が含意されています。状況は「縄文時代」や「弥生時代」の場合も同じです。ＡＭＳ法に代表されるような高精度な絶対年代が得られるような研究水準になった今日、「旧・中・新石器時代」をはじめとして「縄文時代」や「弥生時代」、「古墳時代」という〈年代的な古さ〉を含意する用語を用いず、「旧・中・新石器文化」や「縄文文化」「弥生文化」「古墳文化」といった「文化」の用語をもって表記して、必要であれば適宜、それに絶対年代を付せばよい研究段階に入ったと考えてよいでしょう。少し前のことですが、「石器時代」を印象的に説明するためでしょうか、「オーストラリアのアボリジニは現代でも石器時代である」といったような解説が、特に意識されることもなく語られていました。「石器時代」が〈年代的な古さ〉を含意する以上、そこには現代においても遠い過去の生活が行われているといったニュアンスがしのび込んでしまいます。たとえ石器を使用する生活があったとしても、それは一つの文化の様態であり、あるいは伝統的な生活様式であっても、そのこと自体には年代的な含意はないのです。

また、「日本の縄文時代」や「僕の青春時代」といった表現があるように、「時代」は〈主体〉の存在を前提とした用語・概念です。この場合、「日本」や「僕」が主体です。例えば、「地球」や「人類」、「日本列島」、「日本民族」などを、〈主体〉として語ることが可能です。このような用語法は、「時代」として呼ぶことができる限りの時間的な長さを、自動的にその〈主体〉に与えることになります。よって、「弥生時代」や「縄文時代」を自分の言葉として繰り返し使用する考古学者は、それらが特に「日本の」や「日本列島の」といった語句=主体によって修飾されることがなくとも、そこに、超時間的な「日本史」を再構築していることにそろそろ気付くべきでしょう。

参考文献

池上啓介「中石器時代・緒言」大島正満・他編『世界歴史大系　一　史前史A』(平凡社、一九三四年a)二八一―二八二頁

池上啓介「新石器時代・緒言」大島正満・他編『世界歴史大系　一　史前史Ｂ』（平凡社、一九三四年ｂ）三五七―三五八頁
大島正満・他編『世界歴史大系　一　史前史Ａ・Ｂ』（平凡社、一九三四年）
大山柏『考古学講座　第一三巻　欧州旧石器時代』（国史講習会・雄山閣、一九二九年）
唐木順三「人と文学」『現代文学大系四　森鴎外集』（筑摩書房、一九六四年）四九二―五〇九頁
小杉康「コラム七　坪井正五郎著『コロボックル風俗考』」佐々木憲一・他編『はじめて学ぶ考古学』（有斐閣、二〇一一年）一七八頁
勅使河原彰『日本考古学の歩み』（名著出版、一九九五年）
富岡謙蔵「九州北部に於ける銅剣銅鉾及び弥生式土器と伴出する古鏡の年代に就いて」『考古学雑誌』八巻九号（一九一八年）五〇一―五二四頁
鳥居龍蔵『武蔵野及其有史以前』（磯部甲陽堂、一九二五年）（所収『鳥居龍蔵全集　第二巻』朝日新聞社、一九七五年、一五三―二五六頁）
鳥居龍蔵「ジョン・ミルンの大森貝塚年代考察に就て」『武蔵野』二六巻一号（一九三九年）（所収『鳥居龍蔵全集　第二巻』朝日新聞社、一九七五年、五九七―六〇〇頁）
浜田耕作『通論考古学』（大鐙閣、一九二二年）（雄山閣版、一九八四年）
浜田耕作『博物館』（アルス社、一九二九年）
浜田耕作『考古学入門』（創元社、一九四一年）
宮坂光次「欧州新石器時代」大山柏・宮坂光次『考古学講座　第一四巻　欧州旧石器時代・欧州新石器時代』（国史講習会・雄山閣、一九二九年）一―一〇八頁
山内清男「日本遠古之文化Ｉ縄紋土器文化の真相」『ドルメン』一巻四号（一九三二年ａ）四〇―四三頁
山内清男「日本遠古之文化II縄紋土器の起源」『ドルメン』一巻五号（一九三二年ｂ）八五―九〇頁

山内清男「縄紋土器型式の細別と大別」『先史考古学』一巻一号（一九三七年）（所収『先史考古学論集』第一冊、一九六七年、四五－四八頁）
山内清男「縄文草創期の諸問題」『MUSEUM』第二二四号（一九六九年）四－二二頁
吉岡郁夫・長谷部学『ミルンの日本人種論――アイヌとコロポクグル』（雄山閣出版、一九九三年）
Boule, M. 1921 *Les hommes fossiles.*（英訳版 1923 *Fossil Man*, Oliver and Boyd）
De Geer, G. 1910 Geochronology of the last 12,000 years. (Translated by C. Dullo and W. Hay 2002 *International Journal of Earth Sciences*. Vol.91)
Hawes, C. and H. 1922 *Crete: Forerunner of Greece*, Harper and Brothers.
Lubbock, J. 1865 *Pre-historic Times*, Williams and Norgate.
Lubbock, J. 1868 Editor's introduction, *The primitive inhabitants of Scandinavia.* By Sven Nilsson, Longmans, green, and Co.
Milne, J. 1880 Notes on stone implements from Otaru and Hakodate,With a few general remarks on the prehistoric remains of Japan. *Transactions of the Asiatic Society of Japan*, Vol.8
Milne, J. 1881 The stone age in Japan, With notes on recent geological changes which have taken places. *Journal of the Anthropological Institute of Great Britain and Ireland*, Vol.10

読書案内

E・S・モース（近藤義郎・佐原真編訳）『大森貝塚』（岩波文庫、一九八三年）
　大森貝塚の報告書の翻訳と当時の関連する文献が併載してあります。
森鷗外『阿部一族・舞姫』（新潮文庫、一九六八年）
　坪井正五郎をモデルにしたといわれる「かのように」を所収しています。

浜田青陵『考古学入門』（講談社学術文庫、一九七六年）
一九二九年刊の『博物館』を改題した考古学の一般向け入門書。
山内清男「日本遠古之文化」『日本考古学選集 二一 山内清男集』（築地書館、一九七四年）
戦前における縄文文化研究の到達点。
シェリダン・ボウマン（北川浩之訳）『大英博物館双書 三 年代測定』（學藝書林、一九九八年）
放射性炭素年代測定法を考古学へ応用するための、基本的な概念を紹介しています。

第七章 〈交差〉としての時間

――異質なものたちの出合い

田口 茂

時間とは何か？　これは哲学の世界では昔から大問題です。アウグスティヌスが言ったように、私たちは普段は「時間とは何か」がよくわかっているつもりでいますが、いざ「時間とは何か？」と正面から尋ねられると、それが大変答えづらい問いであることに気づきます。

以下では、時間というものをどのようにイメージすることができるのかを考えていきたいと思います。それによって、時間というものが、私たちの「生き方」にどのように関わってくるのかを、少しだけ解きほぐしてみたいと思っています。

一　時計と「空間化された時間」

「時間はあるのか、ないのか？」

このように問われたら、みなさんならどう答えるでしょうか。

時間は眼には見えません。しかし、日頃時間を気にしたり、時間について語ったりしていることからすれば、何らかの意味で時間は「ある」と答えたくなります。

しかし、時間はどのように「ある」のでしょうか。

「隣の部屋に花瓶がある」と言われて、見に行ったら影も形もないような場合、「なんだ、ないじゃないか」と文句を言いたくなります。逆に、隣の部屋に行って、花瓶を机の上に発見し、それを見たり手に取ったりできるとき、花瓶は「ある」と私たちは言うでしょう。つまり、物体の場合、見たり聞いたり触ったりして確かめられるとき、「ある」と言われるわけです。

しかし、「時間がある」という場合、時間は物体のような仕方であるわけではありません。時間は見ることも聞くことも触ることもできないからです。

それにもかかわらず、時間が「客観的に、ある」かのように思われるのは、「時計」の存在によるところが大きいのではないでしょうか。時計が示すのが客観的時間だ、と私たちは思いたくなります。実際、「四時に会おう」と約束して、時計が示す通りに四時に待ち合わせ場所に行くと、ちゃんと約束した人に会うことができます。ここから、私たちは、「誰もが従っている客観的時間があるのだ」と考えます。

しかし、約束通り人と会うために、絶対に時計や時間が必要かというと、そうではないでしょう。「太陽がちょうど南に来た時に会おう」と約束して会うこともできます。この場合、「太陽」という共通に認識できる物体を基準にして、うまく会えるようにお互いの行動を調整しているわけで、「時間」というものをことさらに持ち出す必要はありません。同じように、規則的な周期を示す物体を基準にすれば、「時間」に言及しなくても、人と会ったり、共同生活を相互に連関させたりすることはできるはずです。最も正確な時計と言われる原子時計も、原子から発生する放射のある周期を利用しているそうです。ですから、「時間」に言及せずに、この周期だけを基準として人と会うことも、原理的には可能であるわけです（現実的にはありえないことですが）。

こう考えてみると、時計もまた、周期的な運動をするように作られた物体であることがわかります。時計というのは、手軽に共同生活を連関させることのできる道具として開発された物体なのです。だから、時計を使ってそのように日常生活を営んでいる限りは、「時間」について特に思い悩む必要はありません。すでに十分用は足りているのですから。

ではあらためて、「時間はある」のでしょうか。もし、時計で計られるのが時間だ、と言うなら、顛倒《てんとう》しています。時計は遅れたり止まったりすることがあります。しかし、時計が遅れたら時間も遅れるわけではないし、時計が止まったら時間も止まるわけではありません。私たちが「時間」と呼んでいるものは、時計の存在からはやはり区別されるようです。もし時間が「ある」なら、「時計がなくても時間はある」と言うべきでしょう。

それにもかかわらず、私たちはしばしば、時計で計れるのが時間だ、と勘違いしています。それは、時計で計れる時間、カレンダーに書けるような時間です。もしそれをイメージするなら、直線のようなものになるでしょう。いわば一直線上に目盛りを付けたようなものです。

フランスの哲学者アンリ・ベルクソン（一八五九―一九四一）は、これを「空間化された時間」と呼んでいます。このようなイメージにおいては、時間は、空間の中に移されて、空間的なもののように捉えられてしまっています。これに対し、本当の時間は、そのように空間的な図式で表せるようなものではない、とベルクソンは考えたのです。

このような「空間化された時間」と「空間化できない時間」、すなわち直線の形に描けない時間との対比は、哲学のなかでしばしば出てくる対比です。これからの話のなかでも何度か用いますので、覚えておいていただきたいと思います。

さて、それではこれから、空間化できないような、より時間らしい時間について、考えていきましょう。

二　日常の用法――「時間がある」「時間がない」とは？

時間は、物のように世界のなかに直接観察できるわけではありません。それにもかかわらず「時間はある」と言いたくなるとすれば、それはどのように「ある」のでしょうか。

私たちは、「時間がある」とか「時間がない」という言い方を、日常のなかでも用いています。その日常的用法をヒントにしてみましょう。

時間が「ある」とか「ない」とかいう言い方は、何を意味しているでしょうか。

「時間がない」とは、時間がどんどん過ぎ去ってゆき、いろいろな出来事に次々追われているときに出てくる言葉です。だから、時間は「まったく存在しない」わけではありません。時間は確かに流れており、しかもめまぐるしいほどの勢いで流れ去っています。それにもかかわらず、そこで出てくる言葉が、「時間がない」という言葉なのです。

逆に、「時間がある」というのはどういう場合でしょうか。それは、忙しく物事に追い立てられている状態とは反対に、何かをゆっくりと、じっくりとやれる時間が目の前にあるときでしょう。つまりそれは、「何を、どのくらいの時間をかけてやるのかを、自分でコントロールできるとき」であると言えます。この場合、「時間」とはある程度の長さをもった、「余裕」や「猶予」を意味しています。

「まだ時間はたっぷりとある」。バスや飛行機など、乗り物の出発時刻まで、まだ十分に時間はある場合、私たちはそんな風に言います。その逆は、「もう時間がない」と焦っている場合です。「もう時間がない」という場合、自分の意志ではどうにもならない何かに迫られて、否応なく追い立てられている感じがします。

その違いは、自分が、自分のコントロールのもとで、何かを自由に展開できるような広がりが感じられているかどうか、という点にあるのではないでしょうか。

「時間がある」「時間がない」というのは、自分の生の広がりを自分の意志でコントロールできるかどうかということ、自分が「生きる」ということの主体的なあり方に関係していることがわかります。

そこで「時間」は、ある種の「広がり」として意識されています。「広がり」とは、何かができる「余裕」、言いかえれば何らかの活動が展開できる「スペース」と言ってもよいでしょう。しかし、「スペース」とは英語で「空間」のことです。そうなると、ここでは「時間」がある種の「空間」として意識されているということになります。

時間を主体的な生との関わりで見てきましたが、ここでもまだ、時間はベルクソンが言うように一種の「空間」として意識されているようです。それは本当に「時間らしい時間」と言えるのでしょうか。

三　時間と「私」の支配

もう一つ、日常における「時間」との関わり方を考えてみましょう。

「時を忘れる」という言い方があります。「時が過ぎるのを忘れて、会話に熱中した」とか、「あまりに面白い小説だったので、時を忘れて読み耽った」といった場合です。つまり私たちは、何かに没頭しているとき、時間が過ぎるのを忘れてしまう、という経験をしばしばするようです。

そのような場合、私たちは「我を忘れる」とも言います。時間を忘れて何かに没頭しているとき、私たちは「私自身」をも忘れてしまいます。やはり、「時間」と「私」とは深い関わりをもっているようです。

先ほど、「時間がある」というのは、自分がコントロールできるような広がりが意識されていることだと言いました。この意味での時間、つまり「空間化された時間」と、「ある広がりのなかで起こりうる様々な出来事を支配しコントロールしうる私」とは、深い関わりをもっています。「空間化された時間」のなかで、私たちはあくせくと立ち働いています。現代において、私たちはますますカレンダー的な時間とそれによって刻まれたスケジュールに支配されるようになっています。これは時間がますます空間化された仕方で捉えられるようになっているということです。時間がますます空間化された仕方で捉えられるということは、自己の支配がますます拡大し、世界を「私が支配しコントロールするもの」として思い描くようになることを意味しています。時間に追われる現代社会は、自己のコントロールが無際限に拡大する世界であると言えそうです。

他方、何かに追われていないときには、時間が、ぽっかりと空虚な空間のように広がっています。私たちはこれを「自分で埋めなければならない」かのように感じます。空間化された時間は、自分が支配する空間ですから、そこに何もなく虚ろだったら、それを埋めるのは自分しかいないと思ってしまうのです。かくして私たちは、空いた時間を埋めようと必死に動き出します。海へ山へ、レジャーに繰り出したり、趣味に没頭したり、宴会や会合に足繁く通います。自己のコントロールに任された空間が、ぽっかりと虚ろに空いているのが怖いのです。

あるいは、一七世紀フランスの哲学者、ブレーズ・パスカル（一六二三―一六六二）が言うように、私たちは、ぽっかりと虚ろに空いた時間のなかで、自分自身に出会うのが怖いのかもしれません。自分自身の姿に直面するのを避けるためだけに、私たちは様々な「気晴らし」を発明し、そのなかにあえて没頭しているのかもしれません。パスカルの言葉を借りれば、私たちは、「自分の不幸な状態から自分の思いを逸らし、気を紛らわせてくれる騒ぎを求めている」（『パンセ』断片一三九）というわけです。

しかし、時間とは空間化された時間に尽きるのでしょうか。「空間化された時間」とは異なる時間もあるのではないでしょうか。次に、そのような時間が経験される可能性を探ってみたいと思います。

四　コントロールの外――生きた時間

すでに述べたように、「空間化された時間」は、自己のコントロールしうる空間でもあります。そうだとすると、「空間化された時間」から外に出るとき、それは自己のコントロールしうる空間から外に出ることを意味するのではないでしょうか。

例えば、時間を忘れて小説に没頭しているとき、私は、私がすべてを支配するという生き方のモードを脱け出しています。むしろ私は、小説のなかに展開される世界に、自己の支配をゆだねています。その小説が操るがままに、その世界に私自身をゆだねているのです。もちろん、私が私であるという意識がまったく失われるわけではないですが、私の生のモードは、「自己と自己の行為を私自身がコントロールし、そこで展開される一切を自己が支配する」というモードではありません。私は、心地よく小説の世界に身をゆだねているのです。同じことが、様々な趣味への没頭にあてはまります。

またそのようなとき、時間が完全に止まっているように感じられる、というわけでもありません。例えば、会話に没頭して時間を忘れる体験を例にとりましょう。会話に熱中しているとき、会話はどんどん進み、話題は尽きることがありません。会話が進み、その内容が豊かに展開しているとき、当然この「進んでいること」「展開していること」の意識を私たちはもっています。このような意味での「時間」は、忘れられていません。一切は止まっているどころか、極めて生き生きと動いています。この「生き生きと動いていること」も、ある種の「時間」の性格をもっているのではないでしょうか。

このとき、直線的なカレンダーの時間はすっかり忘れられています。しかし他方で、私たちは眼の前で現に展開される極めて生き生きとした活動に参加し、その豊かな動きを経験しているのです。

五　生きて動いている時間――時間と否定

では、生きた時間とはどのような時間でしょうか。少し考えてみましょう。生き生きと動いている時間は、カレンダー的な時間のなかにはありません。カレンダー的な時間においては、過去も、現在も、未来も、同じ平面に並んでいます。これはまさに、ベルクソンの言う空間化された時間です。

カレンダーだけを見ていても、どこが現在なのかは見えてきません。どれも同じような数字が並んでいるだけです。どの日も現在でありうるし、過去でも未来でもありえます。

これに対し、生きて動いている時間においては、過去は現在ではないということははっきりしていますし、現在は過去ではないということもはっきりしています。また、現在は未来ではない、未来は現在ではないということも明白です。過去はもちろん未来ではないし、未来も過去ではありません。このように、生きて動いている時間においては、過去・現在・未来はまったく異質なのであり、同じ平面上に平等に並べることはできないのです。

このように、生きて動いている時間においては、「……でない」、「……でない」という「否定」が重要です。そのような「否定」が時間の核心にあるがゆえに、時間は見ることもつかむこともできないのではないでしょうか。

時間は「ある」のか、「ない」のか、という問いが答えにくいのは、この「否定」が時間の核心にあるせいではないでしょうか。

時間らしい時間は、生きて動いている時間であり、それこそ現実的であり、「リアルに存在している」ように思われます。しかし、その「生きて動いている」ということは、ある種の「否定」によってこそ成り立っているのではないでしょうか。現在は次々に消え去って、過去になっていきます。現在は、現在として生まれ出たと思ったら、もう現在では「なく」なり、現在としては「否定」されて、過去になってしまいます。そのとき、過去は決して現在では「ない」という否定によって成り立っています。未来もまた、「まだない」という否定によって成り立っています。「まだない」未来は、次々に現在になっていきますが、現在になったときには、それはもう未来では「ない」のです。このように、動いてやまない時間は、至るところ「ない」という否定に貫かれています。

六　生きた現在はリアルだがつかめない

では、そのような時間の「生きて動いていること」と「否定」が最も鮮明に見出されるのは、どこにおいてでしょうか？

それは過去でも未来でもなく、「現在」においてではないでしょうか。

過去も未来も、なるほどある意味では存在しません。過去はもうないし、未来はまだありません。しかし、過去は思い出すことができます。思い出、記憶のなかには、過去は確かに「ある」ように思われます。記憶だけでなく、「記録」のなかにも、過去は保存されているように見えます。過去そのものではないとしても、過去の痕跡がそこに残されています。過去は動かないまま、じっとしています。

未来は、「予想」とか「計画」という形で、やはりそれなりに「ある」とみなされています。予想されたり計画されたりするものも、それが「現在」になるまでは、あるいは私が変更するまでは、じっと不動のまま保持することができます。

このように、過去と未来が私たちに対してそれなりに「動かないもの」としてあるのに対し、まさしく現在こそ、絶えず「生き生きと動いているもの」であると言えます。

過去と未来は、それなりに動かないものとして思い浮かべることができ、そのように思い浮かべる仕方で、それなりに「つかむ」ことができるものです。しかし、「現在」こそ最もつかみがたく、最も「存在する」ことから遠いとも言えます。

ヘーゲル(一七七〇―一八三一)に倣って、次のように考えてみましょう。これは、彼の主著『精神現象学』の中の、「感覚的確信」に関する議論です。

現在を取り押さえるために、「今は夜である」と紙に書き留めてみます。夜にこれを書き留めれば、それは紛れもない真理です。しかし、何時間かして、昼になってからその紙を見たら、「今は夜である」という言葉は、古いビールのように気が抜けてしまっています。それを書いたときには、「夜」としての今が確かにあると思われました。しかし、翌日の昼になったら、「今は昼である」ということの方が真実で、「今は夜である」というのは空虚な言葉にすぎないのです。

このように、「今」を取り押さえようとしても無駄であると言えます。取り押さえたものは、もう「今」ではなく、「過去」なのです。

一方では、「過去はもうない、未来はまだない、〈ある〉のは現在だけだ」と言うことができます。しかし、それにもかかわらず、その現在は、刻一刻と過ぎ去り、少しも取り押さえることができません。過去と未来は、記憶や予期という形で、それなりに取り押さえることができますが、現在は少しも取り押さえることができません。この意味では、現在こそ「ない」のではないか、と言いたくなります。

あらためて問うてみましょう。時間はいったい、あるのでしょうか、ないのでしょうか。

ここで、「ある」か「ない」かを問題にするときに、「つかんで取り押さえよう」とする私たちの考え方そのものが問題なのではないか、という疑問を投げかけることができます。つかんで、取り押さえようとする限り、時間はあるのかないのかわからなくなります。むしろ私たちが時間を経験する仕方は、「つかむ」のとは決定的に異なる仕方なのではないでしょうか。

もしそうだとしたら、それはどのような仕方なのでしょうか？

七　「ある」と「ない」の「交差点」としての時間

少し考えてみましょう。生き生きした時間においては、現在を「つかむ」ことはできません。現在と過去と未来を、それぞれつかんでおいて、並べて置くことはできません(これがカレンダーの時間との違いです)。未来は次々に現在になり、現在は次々に過去になってしまいます。ここには、未来が現在になる、現在が過去になる、という移行、転換があります。この意味では、未来と現在、現在と過去は互いにつながっているわけです。つながっているにもかかわらず、「未来はまだ現在ではない」「過去はもう現在ではない」という仕方で、それぞれの間には鋭い分断があります。過去・現在・未来は、「つながって」いて、しかも同時に、「切れている」のです。

つながっていて、しかも同時に切れているというのは、謎かけのようですが、そういうあり方は、実は私たちの身近にもあります。それは、「交差」というあり方です。

二本の直線が一点で交差しているとしましょう。その交差点は、二本の直線がつながっている点であると言えます。しかし同時に、それぞれの直線は、この交差点において、もう一つの直線によって「切断されている」と見ることもできます。

それでは、過去・現在・未来からなる時間を、「交差」として捉えることは可能でしょうか。日本の哲学者、田辺元(一八八五―一九六二)は、まさにそのような考えを示唆しています。

つまり、「現在」とは、過去と未来とが交差する、その「交差点」にほかならないと考えることができます。過去は次々に古い過去へとつながり、一つの連鎖を成しています。未来も、次々に遠い未来へとつながる連鎖を成しています。この二つの連鎖が、現在という一点で交わっています。交差点そのものは、つかめません。現在が、過去と未来との交差点だとしたら、現在そのものは過去ではないし、未来でもありません。それ自体は過去でも未来でもありませんが、過去と未来がまさに切り結ぶ地点です。

過去も未来も実在するわけではありませんが、過去は記憶としてつかむことができます。未来は予想や計画、目論見としてつかむことができます。つまり、心のなかに保持し、じっくりとそれを眺めること、吟味することができます。しかし現在は、目の前にあるのに、つかむことはできません。それを保持することはできません。それは、私のコントロール下に置けないものです。それはまさに、現在が「交差」としてあるからなのです。

この「交差」としての現在は、「ある」と「ない」との交差点でもあります。

この間、ニセコの温泉に浸かりながら、この講座でお話することをいろいろと考えていました。その温泉からは、たまたま滝が見えました。その流れる滝のしぶきをじっと見つめていると、まさに時間が轟々と音を立てて流れているかのように思われました。

そこで私は、一瞬の飛沫を印象にとどめようとしてみました。つまり、「今」の瞬間をつかもうとしてみたのです。しかし、それは保持されたら過去になってしまいます。「ぱっ」と飛び散ったしぶきを印象のなかで固定したら、固定された印象はもう過去に属しています。

現在としての現在は一瞬もとどめることができません。しかし、それにもかかわらず時間はリアルであり、現在は最もリアルに感じられています。そのリアリティは、むしろ私がつかめないこと、私がコントロールできないことにおいてこそあるのではないでしょうか。

現在がリアルで、動いているということ、時間がリアルに流れているということは、絶対につかめないということ、つかめないのに現にそこにあるという、その特有の性格にあります。

現在はないことにおいてある、と言ってもよいでしょう。現在は、あると思った瞬間に、もうありません。いわば、「なくなることにおいてある」のです。もし現在が、「なくなる」ことなく、いつまでも同じ現在であり続けたら、それは「時間が止まっている」ということになるでしょう。現在が次々に消えるからこそ、「時間がある」と言えます。そして、このように次々に「なくなる」ことにおいてこそ、「現在がある」とも言えるのです。

ですから、現在としての時間は、あることとないこと、有と無とが交差する点であると言ってもよいでしょう。現在それ自体は、有でも無でもありません。あくまで有と無との交差点なのです。

田辺は次のように言っています。

> 現在は過去と未来とを切離すことによって結びつけねばならない。所謂、無が有を成り立たしめるといふより外ない。……それは有たる立場では何も出来ないものが無として働くからであ

る。自由とは此にも彼にも執はれない無となることである。同様に過去にも属せず未来にも属せずして、この公約数のない共通なもののないものを結びつけるのが現在……である。

（田邊元『田邊元全集』第八巻、一三七頁）

現在は、過去でも未来でもありません。どちらでもない「無」です。しかし、「無」であるからこそ、現在はかえって、過去にも未来にも結びつくことができます。もし現在がそれ自身「有」として自己主張していたら、自分自身の存在が邪魔になって、そのように過去と未来に結びつくことはできないのです。現在が、過去と未来と並び立つような「あるもの」としてその間で自己主張をしていたら、お互いに齟齬を来すだけです。現在は「無」であるからこそ、おのれを空にして、過去と未来というまったく異質な二つのものを自分のなかに受け容れることができます。このように現在は、過去でもなく、未来でもなく、この「ない」によって過去と未来から切り離されながら、そのことによってかえって両者を結びつけることができるのです。

「無」などを持ち出すのは、大げさであると思われるかもしれません。しかし、「ある」ということすら、自明であるようでいて、実はそんなに自明ではありません。すでにヘーゲルを参照しながら述べたように、「ある」はずの「今」をつかもうとすると、「今」は跡形もなく消え去ってしまいます。そのように、「あるもの」としてがっちりとつかむことのできないものが、「時間」と呼ばれるものの核心に、その中心にあります。ここでは、そのように「あるもの」ではない何かを「無」

と呼んでいると考えていただければ結構です。
もう一つ引用しましょう。

過去が現在に働いているのではあるが、その過去が現在に接する所では過去の方向が無になるのである。……我々は所謂無の深淵に一度入らねばならない。

（同書、一三七頁）

ここで田辺が強調しているのは、現在が「無」として働く、ということです。私たちは、この「無」のなかに入らなければ、真に時間をリアルに体験することはできないのです。それは、過去と未来というまったく異質なもの、「公約数のない」、共通なところのないものを結びつけます。異質なものが出合い、切り結ぶところが「現在」であり、そのように異質なものが同居できる場所は、もはや「有」ではなく「無」であるというのです。

次の箇所も、基本的に同じことを言っています。

過去と未来とは物質と精神との如く……離れて却て結びつかねばならない。……過去は過去、未来は未来、方向の反対なものが引き離される事によって却て結びつけられるのである。すなはち無が有を成り立たしめる。

（同書、一三九頁）

ここでは、過去と未来とがまったく異質なものであることが強調されています。この異質なものが交差する地点が、現在なのです。

この現在が「無」であるということですが、それはどういうことなのでしょうか。もう少し具体的に考えてみましょう。

八　「無」の隙間としての現在——時間のなかの「死」

何かと何かが「出合う」という出来事を考えてみてください。空と海とが出合う水平線は、空でも海でもありません。「出合い」そのものは、出合うものの一方にも他方にも属さないのです。出合うものたちがまったく異質なものであれば、なおさらです。過去と未来とはまったく異質ですが、過去と未来との交差そのものは、過去でも未来でもありません。

しかし、この「AでもなくBでもなく」こそが、まさしく両者をつなぐものでもあります。媒介は「無」なのであり、「無」であるからこそ異質なものをつなぐことができるのです。この「無」に立つこと、時間の只中につねに開かれている「時間の狭間」「間隙」「裂け目」に立つことこそ、時間の只中に立つということなのではないでしょうか。

時間は、至るところでこのような「隙間」によって成り立っています。「隙間」そのものは「無」ですから見えません。しかし、この無の間隙こそが、時間を時間として成り立たせていると考えることができます。時間が「交差」として考えられなければならないとすれば、このような帰結が出てきます。

この点をもっと具体的に考えるために、次のような事例を挙げてみたいと思います。

歌人・小説家の上田三四二(一九二三―一九八九)は、がんの手術を受けたとき、全身麻酔を受け、不思議な体験をしました(これは実は不思議でも何でもなく、誰でも経験することらしいのですが)。普通の場合、眠っている間も、時間が流れている感覚はあります。しかし、全身麻酔による深い昏睡には、そのように時間の流れている感覚さえないそうです。だから、麻酔から目覚めたとき、一瞬で目覚めたように感じられるというのです。上田は次のように言っています。

> 眠りをむさぼることは時間をむさぼることであり、醒めてみると、正体なく眠った時間も結構厚みを持っているのである。
> 麻酔による昏睡にはその時間の厚みがなかった。
>
> (上田三四二『うつしみ』三〇頁)

眠りは私にとってほんの一瞬だった。私は麻酔の途中で、眠ったばかりのところをふと目覚めたのだと思った。そう思ってわれにかえったとき、二時間半にわたる開腹術は終っていた。あの私には一瞬の、客観的には二時間半の手術時間をふくむ何時間かの空白は何だったのだろう。のちしばしば考えて、考えの落ちてゆくところに、あれは死だ、という答えが返ってくる。

（同書、三一頁）

上田は、いわば時間の狭間に落ち込んだと言えます。過去も未来もない、「無」としての現在そのもののなかに落ち込んでしまったのです。そしてそれを、上田の直観は「死」であると看破します。

そのとき私が置かれていたのは能うかぎり生に遠い地点、いわば生の崖っぷちであった。……私は辛うじて生の界面にとどまっていたが、それは生とも死ともつかぬ宙ぶらりんの状態であり、何かほんのちょっとした、ろうそくを吹き消すほどの偶然の風の一吹も、私を崖の向うの闇に押しやるのに充分だった。もしそうなっていたら、どうだろう。私の考えたのはそのことだった。私がついに目を覚ますことがなかったとして、その死というものは私にとって何だっただろう。それは、私が目覚めたときに一瞬の眠りと感じたものの、そのままの持続であったにちがいない。

一瞬の眠りに持続を考えるのがおかしければ、それは私が目覚めたときに一瞬の眠りと感じたもの、それ自体であったにちがいない。

（同書、三一―三二頁）

それはいわば、瞬間の死です。それは、全身麻酔という特殊な体験によって浮き彫りになったものですが、ここで考えてみたいのは、この体験はそんなに特殊な体験なのだろうか、ということです。

全身麻酔によって上田が昏睡に陥っていた時間は、数時間に及びました。しかし、それは主観的には「一瞬」にすぎませんでした。もしこの昏睡が、一時間であったら、あるいは三〇分であったら、あるいは一〇分であったらどうでしょうか。それでも、昏睡を体験するものにとってそれは、同じく「一瞬」にすぎないでしょう。このように、「一瞬」の眠りのなかに詰まっている時間の長さを自在に変化させることができるとすれば、その眠りはまさしく一瞬、一秒以下の一瞬であってもよいわけです。

もしそのような「一瞬の眠り」が生のなかにあったとしたら、どうでしょうか。私たちはそれに気づくでしょうか。それはまさに「一瞬」なので、私たちは気づくことさえないのではないでしょうか。

「現在が無だ」などというのは、何か大げさな、奇をてらうことであるように思えたかもしれませんが、これは意外に身近な現象であるかもしれません。「無」というものが時間のなかにぽっかりと空いた穴のように見えるとすれば驚きますが、そんなことはありません。無はまさしく無なので見えないのです。そのような「無」が、私たちの気づかない一瞬のなかにあると考えることは、少なくとも不可能ではありません。

実は、生の至るところに、そのような一瞬の「無」、上田の言葉を借りれば、「死」の瞬間があると考えることはできないでしょうか。上田の昏睡の例を考えるなら、「意識できない」「気づかない」からといって、そのような瞬間がないとは言い切れません。

現在が「無」であるとすれば、私たちは、絶えず、立て続けに、この「無」である時間の交差点を通り抜けています。この「無」の瞬間を「死」と呼ぶとすれば、私たちは、至るところでそのような「死」の瞬間をくぐり抜けていることになります。それは一瞬、いや、一瞬以下なので、少しも気づくことがありません。それは「死」ですから、意識することができません。つまり私たちは、意識なしに死の瞬間を飛び越えているので、生が連続しているように思っているのです。死の瞬間を飛び越えるときには、上田の昏睡状態のように意識がないので、意識している間に限っていえば、生が隙間なく連続しているように見えるのです。

しかし、その死の瞬間がずっと続いたら、あるいは（瞬間が続くというのがおかしいなら）、その瞬間のあとに生の瞬間が再び立ち上がることがなかったら、本当の死ということになります。

だから、生と死は連続しています。瞬間ごとに、生と死は背中合わせになっています。どちらに転んでもおかしくはありません。生きているというのは、たまたま生の方に転び続けているだけのことです。

全身麻酔による昏睡体験の後、上田は、以前ほど死が怖くなくなったと言います。

この麻酔による死の予行は、私に死を以前ほど怖いものと思わなくさせる効用をもった。何にもなくなるということは限りなく怖ろしいが、その怖ろしさは観念上の怖ろしさであって、実際は眼を閉じて、そして開けるだけの瞬時の眠りとちっともかわらない。ただ開けるときが多分永遠に来ないだけだが、それとてこの眠りの無時間性、無内容性に何の変化が生じるわけでもない。死はほんのちょっと眠るだけだ。ほんのちょっと。

（同書、三三一―三三三頁）

「ほんのちょっと」の瞬間として死を捉えられるようになったことで、死がそれほど怖くなくなったということは、死が生に近いものとして捉えられるようになった、ということでもあるでしょう。「眼を閉じて、そして開ける」という瞬時の眠りと変わらないくらいの瞬時の死は、実は生の至るところにあるのかもしれません。私たちはそれに気づかないだけなのかもしれません。

田辺元は、そのような考え方を追究しています。私たちは、瞬間瞬間に死を体験しているというのです。

弁証法的には死が生の去った後に来るとは限らず、生の中に死があった如くである。生が正に死の中で死を媒介として行われるのである。両者の転換する所は両者を Sowohl-als-auch として包む普遍の場所ではない。両者のいずれでもない Weder-noch の動性そのもの、転換そのもの、なのである。

（田辺元『田辺元哲学選』II、二六九頁）

生が一定期間連続した後、それが途切れて死が来るというのではありません。生のなかに死があり、死は生を包んでいます。生は死を媒介としており、両者は切り離すことができない仕方で結び合っています。この両者の転換をさらに包む空間があるわけではありません。その転換は空間ではなく、時間そのものです。つまり「交差」としての時間です。Sowohl-als-auch とは「……でもあり、……でもある」という意味のドイツ語です。そのように生と死の両方を包む場所があるわけではなく、あるのは Weder-noch、つまり「……でもなく、……でもない」という「否定」、あるいは「無」の転換にほかならないのです。

田辺の考えによれば、私たちは、瞬間瞬間に死んだり生きたりしています。生はずっと途切れない連続ではありません。むしろ私たちは、一瞬一瞬に死んで無に還り、そこから一瞬ごとに蘇っています。それは自分の力によるのではありえません。次の瞬間に蘇る保証はないのです。しかしそれでも、無の底からなぜか再生させられているのです。それは、「絶対他力」としか言いようがありません。自己によるコントロールの正反対です。
このような「現在」に生きること、しかも自覚的にそれを生きることを、田辺は「死復活の自覚」と言います。それは、生と死の交互転換、その交差点に生きているという自覚です。田辺は次のように言っています。

死復活の自覚は生死交徹して両者の切結ぶ点に発生するのである。……生が死をその裏面としてこれと相即する如く、死の裏面も表裏交互転換するに依って、生の表と相即相入して自覚せられるのである。

（田辺元『田辺元哲学選』Ⅳ、二七頁）

このような、瞬間の死を自覚するような生き方は、何を意味するのでしょうか。田辺は、生の只中にある死を自覚することこそが、まさしく生を生き生きとしたものとすると言います。

不断に死につつ生きる生死の転換交融が両者を絡み合わせ、死が生の行為自覚的緊張動力となるのである。かくして死の不安は生の安心に転じ、死の苦悩は自覚覚悟において生の歓喜と合一する。

（同書、二四六頁）

瞬間瞬間の、生の只中にある死は、もしそれを自覚するなら、生の喜びの源泉となります。死に臨んだ人の眼に、世界はこのうえなく美しく映ると言いますが、誰もがそれを「今ここで」体験することが可能だと言えるかもしれません。

カレンダーの時間に対して、生きた時間は一瞬ごとに消え去っていきます。その消えゆく今を自覚することが、時間を生き生きしたものとして体験することにつながります。それと同じように、真に生き生きとした生は、瞬間ごとの死の自覚においてこそ、まさに生きたものとして感じられるのではないでしょうか。

九　自由と他人

このように、瞬間の死を自覚して生きるということは、「ある」と「ない」との交差点としての現在を自覚して生きるということでもあります。先ほどの引用(第七節)で、田辺は、時間を生きるということは「無の深淵に入る」ことだと言っていました。

そのように「無のなかに入ること」は「自由になること」でもあります。私たちが自分で時間をコントロールしようとするとき、私たちは自由であるようでいて、むしろかえってコントロールする自己の虜となっています。一切を計画して計画通りに遂行しようとする偏執狂的な自己にとらわれてしまっているのです。そのようなコントロールの欲望にとらわれた自己から解放されることこそ、真の意味で自由になることではないでしょうか。

そして、このような自己のコントロールを離れた「自由」においてこそ、私たちは「他人」と出会うことができるのではないでしょうか。最後にこの点を考えてみたいと思います。

時間のなかで、私たちが他人と出会える場所はどこでしょうか。まず、過去のなかに入っていって、記憶のなかで他人に出会うことはできません。未来に出会うかもしれない人とは、まだ出会っていません。そうすると、時間のなかで他人と出会えるのは、現在においてのみであると言えます。もし真に現在らしい現在が、すでに述べたように、「無の深淵」としての瞬間、いわば「瞬間の死」のようなものであるとしたら、そのような瞬間こそ、他人と出会うことのできるチャンスなのかもしれません。なぜなら、そのような瞬間においては、私たちのコントロールする自己はいったん死んでいますから、そこではコントロールする自己にとらわれるということがないからです。

自己が何かをつかもうとする限り、それは自己のコントロールの網に包まれてしまいます。自己が他人を捉えようとするときも同様です。そうやって自己の網の目で包み込まれた他人は、もう本当の他人であるとは言えません。私が思い描いた、私の「表象」ないし「観念」にすぎないのです。

それに対し、「瞬間の死」においては、そのようなコントロールする自己そのものが、いったん消滅していますから、そこでは他者、他人が全面的に受け容れられる可能性があります。そこで私は、自己のコントロールから離れて、全面的に「他なるもの」に曝し出されているのです。

それは、瞬間瞬間の死のなかで、自己を滅して、つまり自己としては一度死んで、他人と出会うということです。瞬間ごとに自己は死ぬから、自己の外に出ることができ、したがって本当の意味で他人に出会うこともできるのです。あるいは、自己が無になるからこそ、他人を自分の内に迎え入れることができるのです。この意味で、瞬間ごとの死は、自己自身が自己のコントロールから解放され、他人へと開かれるチャンスなのです。

いわば「自己の死」のなかでこそ他人と出会えるというわけですが、田辺元は、「聖徒の交わり」といったキリスト教の概念を用いながら、ある種の「死の共同体」としての「実存協同」について語っています。死は、自己と他人とをつなげてくれる交差点でもあるのです。それが時間を成り立たせる「瞬間」を成しています。

興味深いことに、フランスの哲学者、エマニュエル・レヴィナス(一九〇六―一九九五)も、時間と死と他人との深い関わりについて述べています。

例えば、ある講義のなかで、レヴィナスはこう言っています。

> 時間を起点として、死に意味を探し求めることは可能でしょうか。死の意味は、他者への関係と解された隔時性のうちに現れるのではないでしょうか。時間のうちに終末との関係を見る代わりに、時間を〈他者〉との関係と解することは可能でしょうか。
>
> （エマニュエル・レヴィナス『神・死・時間』一四六―一四七頁）

「隔時性」とはdiachronieというフランス語の訳ですが、時間が滑らかにつながった一本の線を成すことなく、この訳語の通り、瞬間ごとに隔たりによって分断されているあり方を言い表しています。レヴィナスは、それこそが時間の本来のあり方だと言うのです。時間は滑らかな連続ではなく、絶えざる断絶だと言うのです。だからこそ時間はリアルなのです。そして、このリアルな時間のうちでのみ、人は他人と出会えるとレヴィナスは主張します。継ぎ目のない、滑らかな時間は、すでに私によって表象された観念としての時間です。そのなかに他人はいません。このような滑らかな時間は、いつもすでに、私が意識できる以前に分断されており、この分断された時間のなかでこそ、私は本当の意味で私を超えた現実を経験し、私ではない他人に出会っているのです。

このような「時間の狭間」にある現在の瞬間において、私は自己のコントロールしうる空間から引っ張り出されます。ある意味で、私によってコントロールされた世界は激しく「攪乱」されます。しかし、この「攪乱」こそが重要だとレヴィナスは言います。

> 時間における非–休息ないし動揺は、〈他〉による〈同〉の動揺……を意味しているのではないでしょうか。
>
> （同書、一五〇頁）

ここでレヴィナスが言っているように、私によるコントロールの「攪乱」とは、他人に出会うときに、私たちが感じざるを得ない「動揺」のことなのです。例えば、私たちが道徳的な良心を呼び起こされるとき、私は他人によって揺り動かされ、「動揺」させられているのです。

例えば、自分が兵士であるとして、戦場で罪もない市民を処刑するように命令されたとしましょう。その市民が何も言わずに自分を見るその眼差しや顔つきを見るだけで、私たちは別の命令を、つまり倫理的な命令を受け取ります。その人の顔そのものが、「汝殺すなかれ」という倫理的命令として迫ってくるのです。そこで私たちは、他人の「顔」そのものによって動揺させられています。たとえその動揺を無視したり押し殺したりしようとも、そこで私たちが心の奥深く動揺させられていることは変わらないのです。

これは何も、戦場のような特殊な状況に限りません。日常において他人に出会うとき、私たちは特に動揺することもないように思われます。しかし、それは、「私」が一切をコントロールするモードを抜けられないからかもしれません。意識することなく、私たちが「瞬間の死」を飛び越えているように、私たちは、「瞬間」の「時間の狭間」で、自己のコントロールを超えたものと出会っているのに、いつも知らずにそれを飛び越えてしまっているのかもしれません。といっても、それを飛び越えているのは、「私」の意識だけです。実際には、「私」が意識するよりも手前で、私たちはいつも「私」のコントロールを超えたものと――つまり単なる「私の表象」ではない「現実」そのものと――出会っているのかもしれません。

そして、他人こそ、「私」のコントロールを超えたものの最たるものです。「私」のコントロールに包まれた意識の手前で、私たちは他人に曝し出されています。そこで私たちは、意識するよりも前に、他人によって動揺させられているとレヴィナスは言うのです。そして、そのように他人によって動揺させられることによってこそ、「私」は「私」になるとも言います。そこで「私」は、「私」へとはじめて呼び起こされ、目覚めさせられるのです。

乱調からなる時間、そこでは〈同〉が〈他〉によって起こされます。あたかも〈他〉が〈同〉の仕切り壁をノックするかのようです。

（同書、一九三頁）

このような他人による呼び起こしがなければ、おそらく私たちは、他人どころか「私」さえもないのっぺりとした無機的な空間のなかに、溶けて消えてしまうしかないのでしょう。

ここでもう一度、カレンダーの時間を思い出してみましょう。それは、のっぺりと連続的で、自分がいる「現在」は、どこにも書き込まれていません。生き生きとした「交差点」であり「時の狭間」であるような現在は、そこにはありません。そのような、計画されたカレンダーの時間、すなわち自分のコントロールできる世界のなかだけに生きている人は、表面上、他人に出会うこともなく、他人によって動揺させられることもありません。

そのような「計画された時間」は、完璧に合理的でありながら、決定的に不道徳な、非倫理的な行為を許容するものでもありえます。一切をコントロールするということは、「私」のコントロール以前に出会われている他人を、自分の生活から一切シャットアウトするということを意味しうるからです。

アイヒマンというナチスドイツの官僚は、膨大な数のユダヤ人を虐殺するために、大きな働きをしました。彼は大変真面目で優秀な官僚であり、ユダヤ人を「効率的に」消滅させるために、徹底的に合理的な計画を立案し実行したのです。このことは、ハンナ・アーレントが書いた『イェルサレムのアイヒマン』という本に詳しく書かれています。アーレントの眼には、彼は「恐ろしい大悪人」には見えませんでした。むしろ、「合理的」な計画を、官僚的に、淡々と実行したにすぎないのです。しかし、そこにまさに、別の意味での恐ろしさがあります。もし彼が、官僚としての自分の仕事を粛々と遂行したにすぎないとしたら、日頃あれこれの仕事に従事している私たちと彼との間に、いったいどれほどの違いがあるというのでしょうか。そこに違いがありうるとすれば、いったいどのような違いでしょうか。

そこでアイヒマンが無視したものがあるとすれば、それは何でしょうか。彼はまさに、自分が他人と出会っていることをまったく無視して、自己によるコントロールの世界を徹底したと言えるのではないでしょうか。彼が自己によるコントロールの外に出て、ユダヤ人という他人によって動揺させられていたなら——その意識に先立つ動揺を、少しでも自分の意識に引き受けていたとしたら

――彼はそこまでの悪に加担することはできなかったかもしれません。

だとすれば、「意識に先立つ瞬間など、どうせ意識できないのだから、無視してもよい」ということにはならないかもしれません。私たちが見ることのできる、自己によってコントロールのできる世界を離れて、そこで私たちが飛び越えているかもしれないものに思いを馳せること、そこで自分のコントロールを掻き乱す他人に眼を塞がないこと、それこそが、アイヒマンのような人と私たちとを隔てるわずかな違いかもしれないのです。

おわりに

最後に、本稿の趣旨を少しだけまとめておきましょう。

(1) 時間はしばしば、空間化された仕方で思い浮かべられています。「カレンダーの時間」がその代表的なものです。この空間化された時間のなかに生きるということは、「私」によってすべてコントロールされた空間のなかに生きるということを意味します。

(2) これに対し、我を忘れて何かに没頭するとき、私たちは時間を忘れてしまいます。しかし、時間がなくなってしまうわけではありません。そこにこそ、生き生きと動いている時間があります。そこで私は、「私によるコントロール」を離れて、生き生きと躍動する時間に身をゆだねています。

(3) そこでは、過去・現在・未来を並べて同一平面上に置くことはできません。過去は過ぎ去って「もうない」のであり、未来は「まだない」わけで、「ある」のは現在だけです。しかしその現在も、つかもうとするとつかめません。つかもうとしても、現在はたちまち過去になってしまいます。とすると、時間とは、いずれの局面も「ない、ない」尽くしであると言えます。時間においては「否定」が重要なのです。

(4)　といっても、何も「ない」わけではありません。時間は確かに眼の前で動いています。この動いているところにこそ時間が「ある」と同時に、動いているからこそつかめ「ない」のです。いわば時間は、「ある」と「ない」との交差点としてあると言えます。そして、過去と未来という異質なものが切り結ぶところが現在であり、この交差点としての現在は、過去でも未来でもなく、一瞬もとどめることができないがゆえに、ある種の「無」にほかならないと田辺元は言います。

(5)　つまり、現在を体験するということは、瞬間瞬間に「無」を体験しているということです。上田三四二の麻酔体験を参考にして言えば、それはいわば「瞬間の死」を体験しているとも言えるのではないでしょうか。どうやってもつかむことのできない「無」の瞬間を絶えず飛び越えているところに、私たちにとっての生きた時間があるのではないでしょうか。そして、そのことを自覚することこそ、生き生きと動いている時間を体験するということではないでしょうか。

(6)　そのような「瞬間の死」は、「私」によるコントロールの外に出ることでもあります。「私」のコントロールを超えているのは、とりわけ「他人」です。つまり、そのような「無」としての、「瞬間の死」としての現在においてこそ、私たちは真に「他人」と出会えるのではないでしょうか。

「私」によってコントロールしうる意識の手前にこそ、本当に他人と出会うチャンスがあるのではないでしょうか。レヴィナスによれば、おそらくそこにこそ、「倫理」の秘密も隠されているのです。

時間とはおそらく、どれだけ語っても語り尽くすことのできないテーマです。だからこそ、古代から現代まで、数限りない人々が時間について語り続けてきたのでしょう。この時間の「つかまえられなさ」は、おそらく時間にとって本質的です。時間を眼の前につかまえようとするのではなく、時間のこの「つかまえられなさ」を、自分自身の生の核心に生き生きと感じること——それもまた、「時間」について深く考える一つの仕方ではないでしょうか。それは、私たちが「生きる」ということのイメージをも変えることにつながってくるかもしれません。

読書案内

アンリ・ベルクソン（平井啓之訳）『時間と自由』（白水社、二〇〇九年）
「時間の空間化」という考えは、以後多くの哲学者に影響を与えました。

パスカル（前田陽一・由木康訳）『パンセ』（中公文庫、一九七三年）
「気晴らし」についていくつかの断片で語っています。

ヘーゲル（樫山欽四郎訳）『精神現象学』上（平凡社、一九九七年）
「意識」の章の「感覚的確信」についての節に、「いま」についての考察があります。

田邊元『田邊元全集』全一五巻(筑摩書房、一九六三―六四年)
　絶版ですが、図書館等で読めます。時間について各所で論じています。
田辺元『田辺元哲学選』Ⅰ―Ⅳ(岩波文庫、二〇一〇年)
　手に入りやすい文庫版選集です。本稿では第二巻と第四巻を用いました。
上田三四二『うつしみ――この内なる自然』(平凡社、一九九四年)
　全身麻酔による一時的な「死」の体験を、詩人らしい鮮やかな筆致で描いています。
エマニュエル・レヴィナス(合田正人訳)『神・死・時間』(法政大学出版局、一九九四年)
　講義を本にしたもので、「死」と「時間」と「他者」というテーマについて詳しく論じています。
ハンナ・アーレント(大久保和郎訳)『イェルサレムのアイヒマン――悪の陳腐さについての報告』(みすず書房、一九六九年)
　アイヒマン裁判の傍聴報告です。「悪の陳腐さ」という言葉が大きな反響を呼びました。

第八章　時間とは何か

――クロノス（運動の数）とカイロス（永遠の徴）

千葉　惠

はじめに

ここでは時間とは何であるのかをご一緒に考えてみましょう。ひとは時とともに生きているのですから、その正体は毎日一緒に生活する家族ほどに明らかなはずです。たとえ知らない専門用語が少し出てくるにしても、心配はいりません。毎日経験しておられることの一つの切り口からの記述にすぎませんので、必ず対応がつくはずです。ここでは二つの時間を考察します。一つは「クロノス」と呼ばれる物理的時間です。クロノスとは諸事物の運動の遅速を比較すべく、一つの運動を基準にして空間上の位置の差異を計測するものです。もう一つは永遠がこの時間の流れの中に突入してきたかのごとき痕跡を残す「カイロス」と呼ばれるものです。これは「時の凝縮」とでも訳すべき「好機」のことです。最初に、普段考えもせずその言葉を使い、わかっていると思っている「時間」が不思議なものであることを謎かけのような仕方で語ることから始めましょう。

一　クロノス

時間の不思議

「川の流れのように」と歌謡曲にありますように、時間・時は流れて、過去はその流れの中でもはや存在しないように思えます。未来もまだ存在しないように思えます。今だけが存在するように思えます。しかし、「現在」ないし「今」によって時間は構成されているのでしょうか。昨日の今と今日の今は異なる今です。さもなければ、千年前と現在が同一の今になってしまいます。或る視点から語れば、それぞれの今は切断されており、今は時間の部分ではないのです。したがいまして、今は時間の限界ではあっても、今から合成されているとはいえないようです。「より以前」の今としての過去は消え去り、「後続する今」としての未来も未だなく、存在しているはずの今も時間の部分でないとしたら、時間はいったいどこに存在するのでしょうか。過去も現在も未来もすべてが一緒にあるとしたならどうでしょう。一万年前に起こったことと今日起こっていることが同時に一緒にあるということはいかにも不合理です。時間とはかくも不思議な存在者です。

運動そして時間の逆説

時間は存在しないと主張した一群の人々がギリシャにいました。アキレスと亀のパラドクスで名前の知られたエレア派のゼノンは、その師パルメニデスとともに運動や変化の存在を否定しました。これは「ある(存在)」と「なる(生成)」をまったく関わりのないものとして峻別する論理的存在論とでも呼ぶべき立場です。「ある」は「あらぬ」ことはあり得ません。「ある」は「なる」でもありません。存在は非存在でも生成消滅過程にあるものでもないなら、「「ある」は「ある」」としかいえないことになります。この硬直した立場は「Aであることは、それと同時にまた同じ視点から語る限り、Aであらぬということはあり得ない」という論理と存在の最も確実な原理である矛盾律の一つの解釈に基づき、つまり時間や視点の導入を拒否して、言語が成り立つ他の要素や文脈を排除したうえで、語句を一義的なものとして扱うことから導かれます。彼らは確かなことだけを語ろうとすることにより、「「ある」は「ある」」「「あらぬ」は「あらぬ」」という同語反復だけが真実な世界を表現できると主張します。

これは近世においてデカルトやライプニッツ等により展開された「大陸合理論」と呼ばれる、理性や思考の厳密性を認識の源泉にする立場につながるものであり、他方イギリスにおけるロックやヒュームなどによる感覚を認識の源泉とする「経験論」と呼ばれる流れと対局に置かれます。これら二つの認識の源泉に対する理解の相違が西欧哲学の二つの大きな潮流を形成しています。エレア派は生成流転し留まることを知らないなりゆく経験の多様性は一つの影のようなものとして、真実の世界から追放したうえで、臆見(ドクサ)の領域のものとして取り扱います。もちろん「ある」と「なる」のグランドセオリー(生成を存在の一様式として把握する理論)は当時から求められており、アリストテレスが最も説得力ある仕方でその総合を企てています。
そのアリストテレスが紹介するゼノンのパラドクスとは、最も足の速いアキレスですら最も遅い動物（ここでは亀としましょう）を追い越すことができないということを論証し、そこから運動の存在を否定するものです（『自然学』第六巻九章）。これは簡潔に「追うものは、追いつく以前に、逃げるものが走り始めた点に着かねばならず、したがって、より遅いものは常にいくらかずつ先んじていなければならないからである」と表現されています。これはもっともな議論に一見思えます。しかし、毎日私たちは早足の若者が老人たちを追い越していくのを見ているのです。このような主張は法外のもののように思えます。アリストテレスの解決案は後に紹介するとして、ここでは人類の歴史においては、古来このように運動を、したがって時間の存在を否定するそのような思考の冒険がなされていることに、思考の冒険家としての人間であることの豊かさを確認するに留めておきましょう。

時間はどこからやって来るのか

そもそも時間・時はどこから来て、どこへ立ち去っていくのでしょう。未来圏から颯爽と吹いてくる清潔で透明な風のように、さわやかに正面から吹いてきて、皆さんの艶ある鬢《びん》を靡《なび》かせる、そんな感じでしょうか。それとも、「時が二人を追い越してゆく」と歌にあるように、気配を感じながらもいつの間にか後ろから忍び寄り一人置き去りにされ影を残して消えてしまう、そんな感覚でしょうか。それとも、常に身体に巻きついており、有無をいわさず一方向に連れていく、そのような感覚でしょうか。修辞はさておき、未来から時がやって来る感じか、過去から未来へと時が向かう感じか、それともいつも自らの一部として意識される現在であり、常に現在が一方向に続いていく、そんな感覚を持たれるでしょうか。時によってこれら三方向からのそれぞれを感じることもあるでしょう。

みなさんにおかれては、時はどんな感じで流れていますか。「時は流れる」という言葉に違和感をもたれる方は少ないでしょう。流れるなら、それは川の流れのように運動すると考えられましょう。手掛かりはやはり運動そして変化にありそうです。時間は運動する当のものの中にあるのでしょうか、それとも運動するものがたまたま存在するなら、そこには時間があるのでしょうか。時間は運動に何らか対応するものとして存在しているのでしょうか。時間は一様にあらゆる場所にこそしてあらゆるものの傍らに存在しています。

運動には速い遅いがありますが、時間にはそういうものがあるとはみなされてはいません。それでも時間には長い短いが語られます。したがいまして、何らかの量であることは同意されましょう。時間は一種の運動のような、それも延伸する量のようなものという理解を基礎にして思考を進めましょう。そして時間には速い遅いがないことの理由も探らねばなりません。

アリストテレスによる時間の定義とその理解

ここではアリストテレスの『自然学』第四巻十―十四章を基にして、クロノスの理解を試みましょう。「時間」はそこでは「より先とより後に即した運動の数」(*Phy.* IV11. 219b1)と定義されています。時計を思い浮かべて下さい。長針が一周するあいだに短針は三〇度右回りに移動します。この三六〇度をより先とより後という仕方で区切ることにより一時間という経過を数えるのです。この時間の定義を手掛かりに、時間について理解を深めていきましょう。

もし現在だけが存在するとするなら、現在が延伸すると理解することになります。しかし、その現在と呼ばれるもののなかに「より先」の現在と「より後の現在」が生起し、結局遠近ある過去が出来《しゅったい》します。二〇年前の現在が二〇一四年の現在にまで延伸したと考えることは容易にできますが、私たちは二〇年前の現在を「過去」と呼びます。他方、「現在」あるいはそれよりもむしろ「今」は延伸している時間のなかで過去と未来を切断する働きがあります。これをアリストテレスは「一つのものを二つとして見る」といいます。今は過去の終わりであり、未来の始まりです。それ故に、今は時間の部分を構成しません。数を数えることのできる叡智的な存在者、例えば人間が時間を計測するのは二つの今の間の量を数えることによって成立します。

昨日のこの時の「今」と今日の「今」は異なる「今」でありましょう。今は過去と未来を切断させる同一の機能をもっており、過去の終わりと未来の始まりの切断面として、また点のように非連続的に時間のうちには属さない仕方で、その都度時間を計測する同じ働きをもつものとして存在するように思えます。すなわち、時を計測する時点として今が機能しています。昨日の今と今日の今により一日の時間が流れたことが知られます。ひとは二つの今を数え上げるとき、時間が出来《しゅったい》します。深い眠りから覚めたとき、時間が経ったと思えないのは寝た時の前の今と起きた時の後の今を時計の運動に即して数え上げることをせず、一つの今としているからです。そうしますと、時間とは運動や変化の知覚なしには「時がたった」と語ることのできないものであることがわかります。運動や変化は時間の不可欠条件であることがわかります。さらに時間は数えることなしに成立しないものであり、時間が一種の数であることがわかります。アリストテレスは「時間は数を持つ限りにおいて運動である」といいます(*Phys.* IV11)。時計の針の運動に即して二つの今のあいだのより先とより後として数えられた数、それが時間であるといえそうです。

基準運動としての天体の円周運動

アリストテレスは恒星天球の円周運動を宇宙的な普遍的時間とみなしました。天球の回転は一様なものであるという理解はとりわけ天上世界がアイテール(「常に走る」という意味)という地水火風とは異なる希薄で一様な素材で満たされているところでは、道理あるものであるといえます。時間は一様に速さも遅さもなしに円周運動として一方向に流れています。時間は速さや遅さが帰属する運動や変化とは異なりますが、一様な運動も存在する以上、時間は何らかの運動ないし運動との対応物であるといえそうです。かつて天球の角度の変化に見られる距離が時計の役割をしていたように、ひとは時計の針の運動であるいはセシウム時計であればその発光の計測を通じて、時を計測しています。北極星をめぐる周天運動が基準運動として一日が計測されました。また月や太陽の運動により月や年が計測されました。時間はそのような基準運動に基づいて存在するといえましょう。

他方、時は他の運動の速さを測定するものとして機能しています。基準運動により時間が存在し、時間によりその他の個々の運動が包まれているそのような関係において時間ないし時は存在しています。時間によりひとは運動の速さと遅さを計測しますが、運動なしに時間は存在しません。時間の一様性と遍在性はかつては恒星天球の一様な運動に、そして現在ではその延長線上において最速の光の運動に基準を求めることができるといえます。

これによりなぜ時間には速い遅いがないか、そしてなぜ生成消滅するものが「時間の中に」あると語ることができるか、さらになぜ個々の事物の運動や出来事が時間により計測されるかが説明されます。その意味で基準運動の存在こそ時間の母親であるといえます。もし一切がカオスであったなら基準となるものが何も存在せず、時間の一様性も存在しなかったはずです。

数える魂なしに時間は存在しないこと

他方、「今」とは魂が知覚するものであり、意識により出来《しゅったい》するといえそうです。ひとは運動と時間を一緒に知覚します。思考実験として、まったく音なく、光のささない暗闇の部屋にひとがいるとして、外界からの刺激は零に近いとしても、魂のうちに何らかの動きを知覚することになります。「暗黒だな」「窒息感があるな」等の思考が続きます。それと同時に「さっきからどれだけ経ったのだろう」という仕方で時間の経過も知覚いたします。もし魂が時間を意識しないでいるなら、そのときはいかなる変化も識別しないで、魂が一にして不可分なもののうちに留まっていることを示しています。このことは、運動や変化なしには知覚が存在せず、また時間が存在しないことを示しています。知覚されるべき世界の運動、さらには、それが知覚されなくとも魂それ自身の活動を介して時間の存在が確認されます。

二つの今を数える魂は過去と未来を切断する機能をもちます。しかし、実際に時間が切断されるわけではありません。もし神のような存在者がいて、天体の円周運動を止めてしまうことができるなら、時間の流れは止まってしまうでしょう。けれども人間という知性体の魂はそれだけの力はありません。したがって、今の切断の機能は人間の力の延長線上にある同様の知性体との比較において、「可能的に」あるいは「力能において」切断するということができそうです(ここで「力能」は人間の能力に限定されずに、それにより事物が実働する力一般を意味しています)。現実にできなくとも、魂の中で二つの今のあいだを数えることにより時間が存在するに至るということができます。

ひとは不思議に思うかもしれません。意識とは別に時間は現に存在しているのではないかと。時間の流れに対応する運動は魂がなくとも存在していますが、やはり時間は数える知性体なしには現実には存在しないというべきでしょう。このことは時間は「意識の中にある」ということを含意します。意識の変化なしに時間は存在しないのです。しかし、意識の中にあるということは実在の中にないということを意味しません。ちょうどおなかがすくという意識なしに、食欲は存在しませんが、食欲は実在するように、時間も実在するのです。単に意識の中だけに存在するのではありません。太陽の光なしに木々の葉っぱは光合成をしません。また葉が光を反射しつつ受容することなしに、でんぷんは合成されません。この実在の連鎖のように、意識が一つの実在として時間を作っているのです。私の意識とあなたの意識は同一の時間を構成しています。基準運動である時計により運動を計測しているからです。計測することが時間を存在させることなのです。

過去の実在性

それでは過去の時間はどこに行ってしまったのでしょう。過去は記憶としてだけ、そして未来は予期としてだけ存在しているのでしょうか。しかし、これまでの議論から意識の働きである記憶や予期も実在しているということができます。しかも、それらは出来事とともに記憶されています。少年時代山の透き通った川でアユを取ったときの斬新な記憶が蘇ります。子供たちの快活なさんざめきまで鮮明に蘇ります。過去は現在において記憶としてのみ存在しているのでしょうか。それとも、過去は変えられない現実として過去に実在しているのでしょうか。過去の積み重ねが現在である以上、過去は現在に連なっており、一つの連続的な運動の量を形成しているといえます。しかし、それは手が届かず、取り戻せないものであることだけは確かです。これは時間の不可逆性を証しています(ここでは運動エネルギーと位置エネルギーの可逆性の問題や熱力学の第二法則が含意する不可逆性の問題を論じることはできません)。

「過去は過去において実在している、あるいは実在していた」ということはいかなることでしょうか。何かを「過去の出来事」と語ることができるためには、やはり魂が数える行為をすることを要求します。しかし、数えなければ消えてゆくというものとも思えないのです。過去時制の言明の真理性は、過去の出来事についての現在の記憶や痕跡によって保証されるものなのでしょうか。目を閉じて意識を他のものに向けても、目を開ければやはり教室は以前の今としての過去にそして現に存在しています。意識が過去を現実化させるのものであったとしても、過ぎ去った事物が力能において、あるいは可能的に現在の記憶や意識を引き起こしうるものとして過去は存在しているということができそうです。

過去の実在論と呼ばれる、過去については実在と非実在の二つの立場があります。実在するとすれば、過去の一切が現在を形成しているという意味において現在の一つの根拠として少なくとも力能において、あるいは可能的に実在するといえます。「私はかつて中学生だったが、今は大学生である」という言い方に何ら問題がないことを考えるとき、過去の実在性を否定する強い理由はないように思えます。この現在の意識活動において、過去が実働しているということができます。

出来事は時間の中で出来《しゅったい》するとして、それらは時間から本来切り離し得ないものなのでしょうか。それとも無内容の延伸する時間をそれらから摘出することができるのでしょうか。時間を計測することができる以上、やはり時間はそれに伴う出来事から抽出される仕方で純粋なものとして現実化されるというべきでありましょう。

事物が生成消滅し運動することは誰も否定できないとして、時間なしにこれらのことは生じないのでしょうか。それとも「ある」ということの身分のうえでは、通常「実体」と呼ばれる本当にあるもの、端的にあるものがまず存在し、そしてそれらに運動が帰属し、さらに運動なしにはない時間がその実体と呼ばれる事物に帰属すると考えるべきなのでしょうか。存在論的な先行関係を確立しなければなりません。運動は事物に帰属する以上、実体が先行します。そして魂も実体として先行するといえます。

「時間の中で一人の人生が始まり終わる」という言い方を確保したうえで、実体と時間を癒着させない、或る意味で時間が実体の構成要素であるにしても、ちょうど骨や肉等の組成や素材という質料としての構成要素が実体を形成しているようには、時間は実体を形成することはありません。時間を時間たらしめているのは運動がある限りであって、実体がある限りではないからです。時間のミニマムな理解を求めなければなりません。時間の中に実体を置きなおす作業は出来事と込みにした時間理解であり、先行する魂が数えることにより構成される、あるいは運動から抽出される純粋な時間とは異なるのです。数は生成消滅しません。少なくとも生成消滅過程を経るものではありません。したがって、数は無時間的な存在者であるといえます。無時間的な数により、事物や出来事から切り離す仕方で純粋な時間が抽出されるということができます。クロノスと呼ばれる物理的な量としての時間についてはここまでで一応の理解を得たことにいたしましょう。

二　運動論

宇宙の始まり

宇宙物理学の教えるところによりますと、この宇宙は一三八億年前に素粒子よりも小さい何ものかが急激に膨張しビッグバンと呼ばれる爆発を介し、膨張を続け一三八億年かけて今ある宇宙を形成しています。このビッグバンを引き起こしたインフレーションと呼ばれる急激な膨張の痕跡を最近捉えたようですが、宇宙の始まりは特異点(singularity)と呼ばれ、まったく何もない無であるかもしれないものから宇宙は始まっている可能性を否定できず、「この一点」と指示することさえできない時空の原理を考察の対象とすることは原理的にできません。物理学は時空の外にあるものを厳密な仕方で検証も論証もできないからです。それは論理的な思考の展開という思弁により考察の対象とすることしかできません。その文脈において「無からの創造(*creatio ex nihilo*)」が語られます。したがって、物理学はその最も基礎的な部分に関して沈黙せざるを得ないのです。そしてこのことは物理学は物理学の「後」ないし「超えて」という意味をもつ「形而上学(Meta-physics)」の一つの基礎とはなり得ても、実証性を事とする科学とは異なる方法のもとにある学に自ら移行するか、存在を存在として考察する形而上学に席を譲るかせざるを得ない宿命を抱えています。

この宿命は物理学に限らず個別諸科学は自らそのシステムのなかで論証することのできない公理ないし出発点を抱えております。幾何学は「大きさ」があるという公理を受け入れたうえで、算術は「単位(一)」があるという公理を受け入れたうえで、そのもとに定理の証明に従事します。生物学であれば「生命」を、医学であれば「健康」を第一原理としてその存在を受け入れたうえで、それぞれ生命に関わることがら、健康に関わることがらに従事し、一つの独立した学問を形成しています。経済学であれば、人間社会には自ら賄えない需要が存在するという原理のもとに、それに伴う供給との交差点においてものの価値が決まり、それを貨幣が代用する限りにおいて成り立つ学問です。物理学の第一原理は「運動」そして運動を引き起こす「力」が存在するということです。物理学は運動として存在を考察するということができます。

運動のパラドクスと無限

或る形而上学者たち、例えばアキレスと亀のパラドクスの提唱者であるエレア派のゼノンは時間と空間の無限分割を通じて、アキレスは決して亀を追い越すことができない、つまり運動は存在しないという逆説を提示しています。ともあれ、運動が存在しないところには物理学は生じないのです。したがいまして、特異点について物理学は自らのシステムの内側では語れないという宿命を担っているのです。

ただし、一つの物理理論として運動は永遠であると語ることはできます。この宇宙は親宇宙を持ち、さらに爺さん宇宙を持ちというように運動の連続性を保証することにより、宇宙が永遠であるとするならば、運動は永遠であることになります。この考えには反論があり、無限を尽くすことはできない、つまりどれほど多数であっても数えられた限りの数は有限であるが、常にさらにその先に数えられうる数があるという仕方で無限は可能的なもの、力能としてのみ存在するといえます。アリストテレスは無限を規定して次のように述べます。「一般には、無限があるのは一つのものが常に他に取り込まれることによってである、そして取り込まれるものは常に有限なものであるが、常に他のものがある」(*Phy.* III6. 206a27)。計測された限りの量は有限です。さらにその先に計測されうるものとしてのみ無限が存在するという考えです。したがいまして、そこでは例えば、「物体」を「いくつかの面により限定されたもの」と理解するとき、「無限の物体」が現実に存在するという考えは、その定義からしてあり得ないものとして否定されます。どこかで宇宙の遡及は止まらねばなりません。仮に無限が現実に存在したとしても、無限はいかなる物理的な存在者によってもたどり着くことはできないため、この現在を形成できないという考えは道理あるものです。したがいまして、宇宙にはそれ自身は他のものによって原因づけられることのない、自己原因としての第一原因が存在しなければならないと主張されます(『自然学』第八巻十章)。これは神の存在の「宇宙論的証明」と呼ばれます。アリストテレスにおける不動の動者は彼自身においても、その後の歴史においても、神と同定されています。ただし、その後のキリスト教神学においては、アリストテレスの考えが聖書の教説と矛盾しないようにすることに腐心しています。

もし、運動が天体の円周運動のように円環であるとするなら始めも終わりもなく、永遠的なものであるといえます。ただし無限な物体は中心を持ちませんので円周運動ができません。したがいまして、それは現実的に無限な物体ではありませんが、永遠であるということはできます。アリストテレスはいいます。「円周運動は第一の運動でなければならない。なぜなら完全なものは自然本性上不完全なものより先であり、円周運動は完全なものに属するからである。直線運動はそうではない」(*De Caelo*. I2. 269a19)。月下世界は四元素の混合した不完全な運動により構成されますが、天上世界は「アイテール(常に走る)」という単純なものにより構成されており、完全な円周運動として永遠なものと考えられていました。そして現在の宇宙論でも、実は爺さん宇宙は現在の宇宙から生まれた円環的なものであるかもしれないのです、たとえその理論はどれほど複雑なものとなりましょうとも。

カントは宇宙の始まり、時間の始まりについては理性は肯定、否定双方の議論を展開でき、決着できないものと考えました。宇宙は無限であるとも、無限でないとも想定でき、所謂理性は二律背反(Antinomie)に陥ると彼は主張しました。確かに、人間理性には限界があることは明らかであります。それ故に神の存在や魂の不死、さらには意志の自由、不可分割的な大きさの存在等、このような壮大な問題については人間の理性の手には負えないとカントは考えました。しかし、人間理性はそのようなものに思考を向けざるを得ない存在であるともしています。そこに信《しん》、信仰の領域が開けてきますが、ここでは紙面の都合上そこまで述べることはできません。ともあれ、人間理性はどこまで確かなことがらを語りうるのか、理性の限界をたとえ理性の内側からであれ定めようと企てることは有意味なことであります。形而上学はその一つの企てです。

「運動(*kinēsis*)」と「変化(*metabolē*)」

さて、アリストテレスは「運動（*kinēsis*）」を『自然学』第三巻一章で次のように定義します。「力能にあるものの完成、力能あるものである限りにおける」(*Phy*. IIII. 201b4)。何かおまじないのような規定ですが、とても美しく適切なものなのです。「力能」や「完成」そして「実働」という三つの概念は存在の様相つまりあり方の三種類です。力能と完成の組により事物の一性が形成されます。力能と実働の組により今・ここの事物の働いてあること(being at-work)が形成されます。この運動の定義は力能と完成の或る組み合わせにより形成されています。事物の一性の解明に向かうことを「ロゴスアプローチ」と呼び、観察により認識される今・ここにおいてある、つまり個別的具体的事物の或る一時点における働きを帰納により明らかにすることを「エルゴンアプローチ」と呼ぶことにします。あらゆる存在者はこの三種類のあり方により分類され、そしてロゴスとエルゴン双方のアプローチにより相補的に解明されます。運動以外に、力能と完成のこの組み合わせにより特定される存在者は存在しないのです。運動は連続的な存在者であり、完成に向かう力能と完成の合成体なのですが、「力能あるものである限り」という限定により完成それ自身は含まれないことが示されています。完成に到達したものはもはや運動ではないからです。

運動には実体に帰属する生成・消滅、実体の性質変化、実体の量変化、そして実体の場所移動の四種類があります。例えば、「実体」これは「端的な存在者」ということですがソクラテスを挙げることができます。実体ソクラテスについて、その性質である優しさはソクラテスなしには存在し得ませんが、実体であるソクラテスは自律的な存在者です。「人間は人間を生む」という秩序正しい複製機構こそ「最も自然的なこと」と形容されます(*De Anima* II4)。人間の生成においては身体が人間であることをそこにおいて実現する魂の存在様式が身体の形相という仕方における完成です。ここではソクラテスの親がすでに完成においてある魂を保持しており、始動因として受精卵を形成します。その細胞分裂から始まり、身体がその魂を受容できるほどに力能が成熟してゆき、最終的に魂を受容することにより、その結果生きるという実働としての存在様式が実現されます。「魂」は「力能において生命を持つ自然的物体の形相としての実体」であり、その存在様式は「完成」です(*De Anima* II1)。

事物の「本質」とはものそれ自体のことですが、事物の本質を説明するものである形相はロゴスとして実働するとされます。これが最もわかりにくいものです。アリストテレスの形相はプラトンのイデアと同じギリシア語「エイドス(eidos)」と表現されますが、ロゴス上、質料から区別はされるが、エルゴン上、質料とは分離されずにこの現実世界に存在するものと理解されます。それによりエレア派の伝統のもとにあるプラトンのイデア論と異なります。「実働」には二義あります。アリストテレスはいいます、「運動は不完全なもの[力能]の実働であったが、完全なもの[待機力能」の実働は端的であり異なっている」(*De Anima* III7. 431a6)。完成においてあるものは形相を受動することのできた素材としての質料との合成体であり、例えば、合成体ソクラテスの質料部分は待機力能においてまわりの環境が妨げなければ生きることができる状態にあります。アリストテレスはいいます、「魂を失ったものではなく持っているものが、力能にあってその結果生きている」(*De Anima* II1)。待機力能という概念は、完成においてあるものが、例えば、過酷な自然環境の故に生存できない等という外的な妨げが何もなければ、そのまま結果として生きるという実働(being at-work)においてあるスタンバイな力能のことです。生きることは完成においてあるものの身体としての質料部分の実働です。他方、学習のような性質変化としての運動は無知な者が知者に至るものですが、学習は今・ここにおける学びうる力能の実働ですが、この力能は不完全なものの実働です。「運動」は「不完全なものの実働」と規定されています。

これら二種類の完全なものと不完全なものの実働は、時制テストを施すことにより確認されます。現在時制と現在完了時制が同時に適用される場合には完全なものの実働です。そこでは完成においてあるものの質料部分が待機力能としてあり、それが発動されています。例えば、幸福である者は幸福であってしまっている者であり、生きている者は生きてしまっている者です。それに対し、学習している者は学習していると同時に学習してしまっているとはいえません。先の運動の定義によれば、「完成」への言及がなされますので、完成に至る実体の生成過程(そして付帯的には消滅も)は「運動」として語られうるのです。受精卵から魂に至るまでの、それも魂受容のまさに手前までの連続体存在者が実体の生成という運動なのです。もう一つの運動の種類である性質変化においては、優しさが厳しさに向かう運動も厳しさの形相が完成という存在様式であり、それを受容するに至る力能の成熟の連続的な存在者が性質変化という運動です。

アリストテレスは運動とは別に「変化（*metabolē*）」という二時点のあいだの差異としてエルゴンアプローチにより観察に基づき帰納的に記述される出来事を規定しています（『自然学』第五巻一章）。この規定によれば、二時点の組み合わせは非基体（非存在）から基体へ、基体から非基体へ、基体から基体へという三種類存在し、これらを二時点間の変化として分類することができます。そして先の二者が実体の生成、消滅に該当し、第三の基体から基体への変化には性質、量、そして場所移動の三種が該当します。この変化という視点から実際の連続的な存在者としての運動を特定する限り、運動は性質、量、そして場所移動の三種類であるとされます。

研究者のあいだでは第五巻一章においては「運動」が三種類であるとされることから、第三巻一章で提示された運動は四種類であるとされることとの整合性に苦慮してきました。しかし、連続的存在者として「完成」の概念に対する言及のなかで、ロゴス上分類する際には四種類となり、変化の規定という二時点の観察という視点からこの連続的な存在者を分類する際には三種類となり、視点が異なりますので、矛盾があるわけではありません。例えば、実体の生成の変化としての把握は或る時点で非存在であったものが、別の時点で赤ん坊等の存在者となっていることが観察される限りにおいて、それは実体変化、つまり端的な生成であると特定されます。これを連続的な存在者としての運動のロゴス、一性の定義という視点から見ますなら、非存在から存在への変化は断続的であるため、実体の非存在からの生成としての運動は観察されず、運動として数え上げられることはありません。これはロゴスアプローチにより語られます。観察される限り、実体の生成としての運動は受精卵から魂に至る量変化、性質変化、場所移動として三つの仕方で特定されます。他方、魂という形相、つまり身体としての質料を一なるものに因果的に構成している根拠は観察されませんが、実際に質料が一なるものとして生きている時には、この一性を実現させるものとして実働しています。これはエルゴンアプローチにより把握されます。生きているか否かは今・ここに観察されることがらですが、一般的には人間や植物の魂はロゴス上の、つまり定義形成を通じてのみ質料を秩序づけているものとして明らかにされる実体です。完成という存在様式は魂等の実体も含まれますので、実体の運動としての生成消滅を語ることができます。消滅は生成の否定として付帯的にのみ完成を語ることができます。

　運動と変化の理解の相補性についてはここでは詳しくお話できませんが、様相概念による定義は運動という存在者の一性を捉えるべく提示されている、つまり真正な存在者であるということを示しています。運動を否定するエレア派に対抗し、運動の定義を求めたのです。運動は単に観察されるばかりではなく、「運動」が定義されうるもの、すなわち一性を備えた存在者であることをロゴス（説明言表）の上で明らかにすることは重要であったのです。エレア派は感覚的な証明を虚妄として拒否している以上、ロゴスにより説得しなければならなかったのです。「運動」は存在のあり方としてのこれらの様相により構成されるものであり、時間の観察、計測に訴えることのない仕方で連続的な存在者としてその一性が確定されています。「変化」はそれに対し、二つの今のあいだの事物の異なりとして把握されます。これは帰納的に、経験的に観察によって確認されるものです。二つの今を確定する魂の実働のもとに、変化が把握されるのです。「変化は時間の中で生じる」と適切に語ることができます。

運動のパラドクスの解決案

さて、ここでアリストテレスによるゼノンが提示した運動のパラドクスの存在の様相理解による解決案を紹介いたします（『自然学』第八巻八章）。アキレスが亀を追い越すことができないという主張は到底受け入れがたいものですが、議論は至って簡潔であり、欠陥も見られないように見え、従来多くの解決案が提案されてきました。アリストテレスは「二分割」のパラドクスの応用においてこの逆説は解決されると考えています。これは或る距離を通過するためにはその半分を通過せねばならず、これら半分のものは無限に存在し、それを通過することは不可能だという難問です。他方、アキレスのパラドクスは二つの運動体のあいだにおける無限が問題になります。アキレスが亀のいた地点に到達するときには、すでに亀は少し先に行っているであろうし、それはどんなに速く走っても亀は少し先に行っており、いつまでも追いつくことはできないというものです。難問は次のようにも提示されています。「全距離を通過した者は無限な数を数え終えたということが帰結されるが、これは同意されるでもあろうように不可能である」。無限な数を数え上げることは不可能です。どんな短い距離も無限に分割される以上、それを数え上げまたそれを通過することは不可能だという難問です。

二分割に対しては、たとえ半分のものが無限に存在するにしても、無限の時間を割り当てれば目的地に至りつくであろうという仕方で解決案が提示さます。しかし、アリストテレスは「事柄と真理に対しては十分ではない」(*Phy.* VIII8. 263a17)と二分割的な応答の不十全性を指摘しています。時間そのものについてこうした問題をたてるならば、あの解決はもはや十分ではなくなります。時間は運動として連続的な存在者だからです。したがいまして、時間という連続的な存在者を切断することなく(そのようなことは人間には不可能ですが)、動いている存在者同士に関わる無限について何らかの対処が求められているのです。もし或る距離を半分に分割するなら、その点はそれまでの終点として、またそれ以後の始点として、「このひとは一点を二つとして用いる」ことになります。ですこのひとは数え上げ、そして半分に分割することにより、無限の半分に対処していたのです。ですが、これによっては連続的な線も運動も存在しなくなってしまいます。アリストテレスは「連続的な運動は連続的なものについてであり、この連続性のなかにかたや無限の半分が存在するが、それは完成においてではなく、力能において存在する。もしひとが完成において半分のものを形成するなら、それは連続的なものを形成するのではなく、停止させるであろう、まさにこのことが半分のものどもを数え上げる者のうえに起こる。というのも、彼には一点を二つとして数えること必然だからである」(*Phy.* VIII8. 263a27–b1)といいます。

このように、誰かが有限な時間において無限の点を通過することができるかと問いますなら、「それ〔無限の点〕は完成においてあることは許容されておらず、力能において許容されている。というのも、連続的に運動するものは付帯的に無限を通過したが、端的には通過しないからである」(263b5–7)と答えられます。アキレスが付帯的に無限の半分ないし点を通過したということは、或る一定の距離は力能において無限に分割されるからです。しかし、アキレスは端的に無限の半分ないし点を通過したわけではないのです。これがゼノンに逆説に対する応答であるということができます。

このように、「完成」と「力能」の概念を用いて、無限の半分ないし無限の点を特徴づけることができます。それは連続的なものであることによっては完成においてあることはできないのです。時間は連続的なものであるため、力能においてのみ無限の半分、点を含意しています。運動者の側から語れば、有限な時間において付帯的には無限の時点を通過していますが、端的には通過していないということです。アキレスはこの仕方でやすやすと亀を追い越すことができるのです。

運動そして変化を蒙らないもの

以上で運動と変化がいかなるものであるか、簡単にではありますが理解されたこととしましょう。

他方、運動や変化しないものは無時間的な存在者であるといえます。特異点や数はそのような存在者です。では他にいかなる時点をとっても変化しないものを挙げることができましょうか。例えば、特定の時点を挙げて、「何月何日何時のお天気は晴れである」という言明が真であるとして、それはいつ発話しても真理値は変わらないということができます。それは或る意味で永遠の真理であるといえるかもしれません。さらに、もう一種類の永遠の真理は時点を特定しなくとも、常に真理値が変わらないものです。ユークリッド幾何学の公理のもとでは「三角形の内角和は二直角」です。これは一度つかんでしまえば、二度と変化することのない、壊れることのない命題です。無時間的さらには永遠的とさえいえましょう。さらに、人間が真理を発見したとき、その真理は滅びません。滅びないものは永遠であるといえます。例えば、先の「運動」の定義が真理であるとしますなら、その言明は永遠に変化することのないつまり滅びることのない不動なるものです。人間は時間の繋縛からの解放を求めて生きているということさえできそうです。人類はこのように運動や変化から解放されることを求めているのです。

これらは「永続するもの(everlasting)」ということもできましょう。ボエティウスは「永遠」を「同時的かつ完全な生全体の限りなき所有(*interminabilis vitae totae simul et perfecta possessio*)」と定義しました(『哲学の慰め』第五巻六章)。「永遠」とはここでは生の豊かさがそこにおいて端的にあるものを意味しているといえます。それさえあれば、他の何もいらないそのようなものが永遠であるといえます。物理的時間とは異なる永遠が時を凝縮させるものであり、それはカイロス、好機を保証するものとして位置づけられてきました。ここでは、無時間的なもの、永続的なものは通常考えられているよりも遥かに多いということが確認されたこととしましょう。最後に永遠が時間のなかに突入したと考えることのできる、永遠の指標である時の凝縮としてのカイロスについて考察しましょう。

三　カイロス

現在の豊かさ

時間は過去、現在に至る物理的な連続量であり、そして未来へ延伸するものでした。永続するものはいってみれば未来永劫変化のない現在であるといえます。禅僧は「一大事と申すはただ今この時也」といいましたが、その都度の今が過去と未来を構成する以上、今を大事としなければ、いついかなる時も大事は存在しないということです。ここで感情の文法の分析をいたします。「感情の文法」という名前はウィトゲンシュタインによるものですが、彼は感情にはそれが生起する文脈とその実質さらにはその表出としての振る舞いから構成されると分析しました。その先駆的なものとしてアリストテレスやアウグスティヌスの分析がありますが、それらにより現在の充溢がよい人生にとって決定的であることが明らかとなります。

感情や欲望等パトスは総じて自ら選択することができず、自然に湧き上がってくるものです。怒りや憎しみ、そして後悔などは現在湧いてくるものですが、多くの場合過去の出来事にとらわれ、過去の記憶が現在を支配する仕方で生起します。不安や恐れ、欲望そして焦り等は未来の予期が現在を支配する仕方で生起します。否定的な情動はこのように記憶や予期により現在を支配しているといえそうです。誰であれ、これら否定的なものにより現在を消費することをできるなら避けたいと考えていることでありましょう。

これら否定的なものに対し、最も現在的な感情と呼べるものは「喜び」です。ひとは喜んでいる時、後悔も焦燥もなく今生きていることを肯定しています。その意味でひとは喜んで生きる時だけ、時と和解しているということができます。この時との和解こそが永遠の徴そして指標なのです。ひとは永遠に出会うことができるとしたら、それは喜びにおいてしかないのです。それが指標となり、時との和解が、ひいては不易なる永遠なるものとの出会いが引き起こされるのです。ただし、注意すべきことは喜びのために魂を操作するとするなら、それは倒錯です。パトスは常に一つの行為、実働に伴う帰結として正しく位置づけられることができます。例えば、快楽のために生があるとすれば、快楽中枢に電極を差し込む比喩で形容されるように、薬物であれ何であれ人為的に操作することができるでもありましょう。アリストテレスは三つの行為の動機づけを分節しています。他のものの故に求められ選択されるもの、それ自身かつ他のものの故に求められ選択されるもの、そしてそれ自身の故に求められ選択されるものです。魂が有徳であり美しい行為を為すことは、それ自身の故に求められ選択されるものであるとされます。立派な人だと思われたいがために有徳に見える行為をする人は真に有徳であるとはみなされません。そして「魂が善くあること（*eudaimonia*）」

という意味での「幸福」は「徳に即した実働・活動」と定義されています。有徳であることが幸福であることの十分条件であると考えられています。そしてそこに有益性や快楽が付随しても何ら問題はないのです。

かくして、活動や実働が今をそれ自身の故に遂行されることが多ければ多いほど、その人々は今を生きているということができます。他のものの故に今を手段にしていないからです。喜びはその指標であるということができます。放物線が接線に触れるように、過去(図的には左)から現在(中央)を経て未来(右)へと流れる直線的な物理的な時間とは別の、無時間的なものないし永続するものとしての永遠がこの物理量に突入すること(放物線が中央における接線に触れること)を人々は「カイロス(好機)」と呼んできました。時の充溢という意味です。真理をつかむことがなぜ喜びかといえば、永遠なるものにつながるからです。アリストテレスは言います、「哲学はその明晰性と堅固さによって驚くべき喜びを持つ」(*Nic. Eth.* X5. 1077a25-27)。そして人々はこのカイロスを求めて今を生きているといえます。より適切には今を生きているひとは好機を生きているというべきでありましょう。この現在の豊かさは今を生きることを愛することからしか生まれません。支配からも被支配からも自由にされ、過去にとらわれることなく、未来にとらわれることなく、今を肯定しているひと、そのひとは今を豊かに生きているひとでありましょう。実はこの今の延伸だけが人生だといえます。

人類は永遠を愛との関連においてしか語ってこなかったのです。情熱恋愛は自らの濃密な感情を味わいたいという思いから生じる自ら持つイメージへの集中です。相手を愛しているというよりも、自らの心臓の激しい鼓動を愛しているのです。イメージへの集中を可能にすべく苦悩の薪をくべます。障害があればあるほど集中が続きます。障害の最大なものは死であり、情熱恋愛は心中という死により永遠なものに結びあわされるという想定のもとに完結いたします。このように、情熱恋愛でさえ永遠との関連においてしか語られることはなかったのです。ましてや、支配からも被支配からも唯一自由な場所において二人の乗ったシーソーが平衡を得るように、或いは放物線が接線に触れるように生起する我と汝の等しさが出来事になっているところでは、他の一切がこの愛を持続させるもの、作り出すものとして位置づけられるでありましょう。貧困とか富とか、病気とか健康とか、ひいては死や生これらの対立も愛の前では相対化され、そのただなかでそしてその手前であるいはその後にも、この永遠が出来事になることに向けてそれらは用いられることでありましょう。「愛から離れればすべてから遠ざかる」(パスカル)といいましたが、ひとは愛から離れる時生きることから遠ざかってしまうのです。そして愛の感情実質は何はなくとも喜びなのです。「愛は恐れを取り除く」とも、「仁者は憂えず」すなわち愛の人は愛だけが肯定的かつ創造的な力あるものであるが故に、煩うことをしないといわれます。人生とは愛するチャンスであるという意味で、「カイロス」は愛の別名であるということもできそうです。感情実質としての喜びというパトスは魂の中でどこに位置づけられるでありましょうか。

魂の態勢と今

アリストテレスは『ニコマコス倫理学』第二巻三章において、自ら選択できずに湧いてくるパトスこそが、その人がそれまでの人生で培ったヘクシス(魂の実力としての態勢)のセーメイオン(徴・指標)であるとします。確かに、若い時に持ったパトスが自らの理想とのあいだに分裂を引き起こすものであることを認識し、習慣づけ(*habitus* (habit))という意味を持つヘクシス(態勢)を有徳となるべく訓練してきた人々は、いつの間にかパトスの生起が異なったものとなるでしょう。勇気あるひとは恐れに対し、節制あるひとは快楽に対し、正義なひとは怒りに対し「良い態勢にある」といわれます(*Nic. Eth.* II5)。有徳な人々にはパトスが湧かないのではなく、適切な時に適切な量のパトスが湧き、正しいこと、節制あること、勇気あることを行為として喜んで選択するといわれます。どんなにコストがかかっても、正しいことを為すことはそれ自体の故に選択されるようになるのです。有徳であること、それ自身が喜びだからです。したがいまして、有徳な人々は喜びのうちに今を生きている人々だということができます。彼らには日々是カイロスなのだということができます。愛がもたらす喜びのパトスのうちにある人々は今を生きています。

おわりに

時間の考察はカイロスに向かうのです。物理量としてのクロノスは私たちの魂の計測ですが、魂は計測するために生きているのではなく、「よい魂(*eu-daimon* = well being)」となるために生きているからなのです。時間はこのように魂を巻き込んでいくのです、人生を運んでゆくのです。

本稿は二〇一四年度科学研究費補助金（基盤研究（C）「アリストテレスの様相存在論の研究」研究課題番号26370001）の助成による研究成果の一部であることを記して感謝いたします。

読書案内

アリストテレス（出隆・岩崎允胤訳）『自然学』（『アリストテレス全集』第三巻、岩波書店、一九六八年）
千葉恵『アリストテレスと形而上学の可能性――弁証術と自然哲学の相補的展開』（勁草書房、二〇〇二年）
植村恒一郎『時間の本性』（勁草書房、二〇〇二年）
ハイデガー（熊野純彦訳）『存在と時間』（岩波文庫、二〇一三年）
ハンナ・アーレント（千葉眞訳）『アウグスティヌスの愛の概念』（みすず書房、二〇一二年）
渡辺慧『時』（河出書房新社、二〇一二年）
本川達雄『ゾウの時間　ネズミの時間』（中公新書、一九九二年）

あとがき

本書を読み終えた皆様の感想はいかがなものでしょうか。はしがきで触れたように、本書のすべてを読んで理解することは容易ではなかったかも知れません。本書は一般社会人を対象とした教養書であり、執筆者はわかりやすく書くことを心がけたつもりですが、専門領域の内容を誰にでもわかるように書くことはそれほど簡単なことではありません。学問の世界は、絶えず新しい発見や見解、概念が生み出され変動していきます。大学教員は、それらの新しい知識を吸収するとともに、自らの研究による新しい発見や見解を学会等で公表し、それらを学生達に教え伝えることに相当のエネルギーを費やしています。最近ではそれらの知識を社会一般の人々にも広く伝える機会が増えているのが現状ですが、難解なことをわかりやすく説明するには、それ相応の時間と労力が必要であり、それがうまくいかないこともあります。本書は大学教員がそのような社会の要請に応えた一つの試みと言えましょう。本書を読んで理解できなかった内容につきましては、何度か読み返していただくことによって理解していただけるものと信じております。

ところで、本書で示した様々な時間に関する学問のことを時間学と称することがあります。世界的に見れば時間学に関する書物は数多くありますが、翻訳本を別にして、日本の研究者の独自の研究成果を示した時間学の本は少ないと思われます。書店の棚を見渡せば物理学の時間の本、時間生物学、生活リズムに関わる病理学の本など、理系の学問に関する時間の本はいろいろあります。しかし、哲学や心理学・社会学などを別にすると、文系の学問に関する時間の本は少ないように思われます。本書のように文学部の教員が寄り集まって執筆した時間の本というのは目にしたことがありません。本書では、心や脳が時間とどのような関わりをもつか、時間は経済学や意思決定とどのように関係するか、言葉の表現として時間がどのように捉えられるか、人間における時間制度や時代の区分はどのような変遷を辿ってきたか、人間にとって時間とはどのようなものであるかなどを扱っています。本書は文学部に所属する教員だけで文理融合の研究成果を示した時間の本ですが、それだけで十分ユニークな本と言えるのではないでしょうか。

ここで時間学に関する学会活動の現状について若干触れておきます。J・T・フレイザー（一九二三—二〇一〇）というハンガリー生まれの学者が、一九六六年にISST（International Society for the Study of Time, 国際時間学会）という学際的な学会を設立しています。フレイザー博士は、*The Study of Time* という四巻の本をはじめ、数多くの時間に関する本を編集しています。ISSTの設立時には、G・J・ホイットローやS・ワタナベといった数学者や物理学者が役員として名前を連ねています。編者の恩師でもある北海道大学文学部の戸田正直教授（一九二四—二〇〇六）もまた一九七三年以降の大会に参加され、*The Study of Time* に二つの論文を執筆されています。当時はＩＳＳＴの会員になることが難しかったのですが、戸田先生のおかげで、編者も一九八九年のＩＳＳＴの大会に参加したことがあります。そこでお会いしたフレイザー博士はとても気さくな方でした。「戸田の時間の考え方には一目おいている」とおっしゃっていたのがとても印象的でした。その後、編者はＩＳＳＴと疎遠になりましたが、ＩＳＳＴの大会は現在でも三年に一度開催されています。他方、日本の時間学の研究活動に関して言えば、二〇〇〇年に山口大学に広中平祐学長のもとで時間学研究所が設立されました。その後、この研究所を中心として日本時間学会が設立され、第一回の日本時間学会の大会が二〇〇九年に開催されています。この学会もＩＳＳＴと同様、時間に関する文理融合の研究成果を目指しています。このような活動をみる限り、今後、日本でも時間の研究が盛んになっていく感じがいたします。

編者が専門領域としている心理学の領域では、時間の研究がとても活発になされています。時間をテーマとする研究は古くからありまして、研究者の誰しも一度か二度、興味を抱くものですが、特に最近、時間に関する論文の数が増えているように思われます。それはこの学問領域において時間の問題が取り残されていることを示唆すると共に、それがとても興味深く面白いことに気づかれ始めたことを示唆しています。これは学問の領域を問わず当てはまることかも知れません。今後、それらの研究が益々発展していくことを期待したいと思います。本書がそれらの研究の教育や発展の一助になれば、それは誠に光栄なことです。

本書を出版するにあたり、北海道大学出版会の今中智佳子さんと上野和奈さん、そして北海道大学大学院文学研究科研究推進室の森岡和子さんには大変お世話になりました。この場を借りて、お礼申し上げます。

編　者

執筆者紹介（執筆順）

田山忠行（たやま ただゆき）　一九五五年生、北海道大学大学院文学研究科博士後期課程退学。博士（文学）。現在、北海道大学大学院文学研究科教授（心理システム科学講座）。著書に『基礎心理学入門』（編著、培風館、二〇一二年）、『心を測る』（編著、八千代出版、二〇〇五年）、『意識のなかの時間』（共訳、岩波書店、一九九五年）。

小川健二（おがわ けんじ）　一九七八年生、京都大学大学院情報学研究科博士課程修了。博士（情報学）。現在、北海道大学大学院文学研究科准教授（心理システム科学講座）。著書に『認知心理学ハンドブック』（日本認知心理学会編、共著、有斐閣、二〇一三年）、『感覚・知覚・認識の基礎』（乾敏郎監修、電子情報通信学会編、共著、オーム社、二〇一二年）、『よくわかる認知科学』（乾敏郎・吉川左紀子・川口潤編、共著、ミネルヴァ書房、二〇一〇年）。

高橋泰城（たかはし たいき）　一九七三年生、東京大学理学系研究科物理学専攻博士課程修了。博士（理学）。現在、北海道大学大学院文学研究科准教授（行動システム科学講座）。社会科学実験研究センター・脳科学研究教育センター准教授併任。論文に「脳科学と組織科学の接面を求めて　ニューロエコノミックスの新展開――心理物理学的神経経済学――」（『組織科学』第四七巻第四号、二三―三四頁、二〇一四年六月）、'Temporal Theory of Intertemporal Choice,' (Takahashi Taiki, Ruokang Han, *Psychology*, 3(8)), 555-557, 2012), 'The q-Exponential Social Discounting Functions of Gain and Loss,' T. Takahashi, *Applied Mathematics*, 4, 445-448, 2013).

野村益寛（のむら ますひろ）　一九六三年生、カリフォルニア大学サンディエゴ校大学院言語学科博士課程修了。

Ph.D. 現在、北海道大学大学院文学研究科教授（西洋言語学講座）。著書に『ファンダメンタル認知言語学』（ひつじ書房、二〇一四年）、『認知言語学II：カテゴリー化』（大堀壽夫編、分担執筆、東京大学出版会、二〇〇二年）、『認知言語学への招待』（辻幸夫編、分担執筆、大修館書店、二〇〇三年）。

権　錫永（クォン ソギョン）　一九六四年生、北海道大学大学院文学研究科博士後期課程修了。博士（文学）。現在、北海道大学大学院文学研究科教授（歴史文化論講座）。著書に『オンドルの近代史――オンドルをめぐる朝鮮人の暮らしと歴史』（一潮閣（ソウル）、二〇一〇年）、論文に「帝国主義と「ヒューマニズム」――プロレタリア文学作家を中心に」（『思想』第八八二号、一九九七年）、「日本における統制とプロパガンダ」（小森陽一ほか編『岩波講座文学　第二巻　メディアの力学』岩波書店、二〇〇二年）。

小杉　康（こすぎ やすし）　一九五九年生、明治大学大学院文学研究科博士後期課程単位取得退学。現在、北海道大学大学院文学研究科教授（北方文化論講座）。著書に『縄文のマツリと暮らし』（岩波書店、二〇〇三年）、『形と心の考古学――認知考古学の冒険』（編著、同成社、二〇〇六年）、『はじめて学ぶ考古学』（編著、有斐閣、二〇一一年）。

田口　茂（たぐち しげる）　一九六七年生、ドイツ・ヴッパータール大学人文科学分野哲学専攻博士課程修了。Dr. phil. 現在、北海道大学大学院文学研究科准教授（倫理学講座）。著書に *Das Problem des ‚Ur-Ich' bei Edmund Husserl* (Dordrecht, Springer, 2006)、『フッサールにおける〈原自我〉の問題――自己の自明な〈近さ〉への問い』（法政大学出版局、二〇一〇年）、『現象学という思考――〈自明なもの〉の知へ』（筑摩書房、二〇一四年）。

千葉　惠（ちば けい）　一九五五年生、オックスフォード大学人文学哲学専攻博士課程修了。D.Phil in philosophy. 現在、北海道大学大学院文学研究科教授（哲学講座）。著書に『アリストテレスと形而上学の可能性――弁

証術と自然哲学の相補的展開』(勁草書房、二〇〇二年)、'Aristotle on Heuristic Inquiry and Demonstration of what it is,' *The Oxford Handbook of Aristotle* (ed. by Christopher Shields, pp. 171–201, Oxford University Press, 2012.6), 'Uchimura Kanzo on Justification by Faith in His Study of Romans--A Semantic Analysis of Romans 3: 19–31--,' *Living for Jesus and Japan: The Social and Theological Thought of Uchimura Kanzo* (ed. by Shibuya Hiroshi, Chiba Shin, pp. 162–197, Eerdmans, 2013.10).

〈北大文学研究科ライブラリ 12〉
時を編む人間――人文科学の時間論

2015 年 8 月 25 日　第 1 刷発行

編著者　田　山　忠　行

発行者　櫻　井　義　秀

発行所　北海道大学出版会
札幌市北区北 9 条西 8 丁目　北海道大学構内（〒060-0809）
tel. 011(747)2308・fax. 011(736)8605　http://www.hup.gr.jp/

㈱アイワード

ISBN 978-4-8329-3394-1

「北大文学研究科ライブラリ」刊行にあたって

このたび本研究科は教員の研究成果を広く一般社会に還元すべく、「ライブラリ」を刊行いたします。これは「研究叢書」の姉妹編としての位置づけを持ちます。「研究叢書」が各学術分野において最先端の知見により学術世界に貢献をめざすのに比し、「ライブラリ」は文学研究科の多岐にわたる研究領域、学際性を生かし、十代からの広い読者層を想定しています。人間と人間を構成する諸相を分かりやすく描き、読者諸賢の教養に資することをめざします。多くの専門分野からの参画による広くかつ複眼的視野のもとに、言語と心魂と世界・社会の解明に取りくみます。時には人間そのものの探究へと誘う手引きとして、また時には社会の仕組みを鮮明に照らし出す灯りとして斬新な知見を提供いたします。本「ライブラリ」が読者諸賢におかれて「ひとり灯のもとに文をひろげて、見ぬ世の人を友」(『徒然草』一三段)とするその「友」となり、座右に侍するものとなりますなら幸甚です。

二〇一〇年二月

北海道大学文学研究科

北大文学研究科ライブラリ

1 言葉のしくみ ―認知言語学のはなし― 高橋英光著 四六・二二四頁 定価一六〇〇円

2 北方を旅する ―人文学でめぐる九日間― 北村清彦編著 四六・二七八頁 定価二〇〇〇円

3 死者の結婚 ―祖先崇拝とシャーマニズム― 櫻井義秀著 四六・二九二頁 定価二四〇〇円

4 老い翔る ―めざせ、人生の達人― 千葉惠編著 四六・二三二頁 定価一八〇〇円

5 笑い力 ―人文学でワッハッハ― 千葉惠編著 四六・二一八頁 定価一八〇〇円

6 誤解の世界 ―楽しみ、学び、防ぐために― 松江崇編著 四六・三二六頁 定価二四〇〇円

7 生物という文化 ―人と生物の多様な関わり― 池田透編著 四六・三二二頁 定価二八〇〇円

〈定価は消費税含まず〉

北海道大学出版会